DES RÉACTIONS POLITIQUES.

DES
RÉACTIONS
POLITIQUES.

PAR BENJAMIN CONSTANT.

AN V.

JE me suis fait une loi de ne répondre jamais aux critiques, et jusqu'ici celles que j'ai vues m'ont facilité l'observance de cette loi. Cependant, parmi les reproches qu'on a bien voulu diriger contre moi, il en est un qui me semble exiger un éclaircissement, non comme accusation, mais comme fait. L'on a dit qu'un étranger ne devoit émettre aucune opinion sur la révolution Française. Je n'examine pas si, le sort de tous les amis de la liberté étant attaché à la France, on peut exiger d'eux une neutralité passive dans une cause qui décidera en dernier ressort de leurs destinées. Je me borne à ce qui m'est personnel. Je ne suis point étranger : originaire de France, et descendant d'une famille expatriée pour cause de religion, je suis rentré dans ma patrie aussi-tôt que je l'ai pu. J'y ai reporté ma fortune. Une loi positive m'y invitoit, en me rendant tous mes droits civils et politiques. Cette loi a été corroborée en dernier lieu par la confirmation expresse des naturalisations décrétées par les assemblées précédentes. En conséquence, j'ai exercé dans les assemblées primaires de ma commune tous mes droits de Citoyen : et il est impossible, soit par sa naissance, soit par ses principes, soit par ses propriétés, soit par ses intérêts de tout genre, soit, enfin, par ses droits positifs et légaux, d'être plus Français que je ne le suis.

Hérivaux, ce 10 Germinal, an V.

TABLE
DES CHAPITRES.

DES
RÉACTIONS POLITIQUES.

CHAPITRE PREMIER.

Des Différens genres de Réactions.

Pour que les institutions d'un peuple soient stables, elles doivent être au niveau de ses idées. Alors il n'y a jamais de révolutions proprement dites. Il peut y avoir des chocs, des renversemens individuels, des hommes détrônés par d'autres hommes, des partis terrassés par d'autres partis; mais tant que les idées et les institutions sont de niveau, les institutions subsistent.

Lorsque l'accord entre les institutions et les idées se trouve détruit, les révolutions sont inévitables. Elles tendent à rétablir cet accord. Ce n'est pas toujours le but des révolutionnaires, mais c'est toujours la tendance des révolutions.

Lorsqu'une révolution remplit cet objet du premier coup, et s'arrête à ce terme, sans aller au-delà, elle ne produit point de réaction, parce qu'elle n'est qu'un passage, et que le moment de l'arrivée est aussi celui du repos. Ainsi, les révolutions de Suisse, de Hollande, d'Amérique, n'ont été suivies d'aucune réaction.

Mais, lorsqu'une révolution dépasse ce terme, c'est-à-dire lorsqu'elle établit des institutions qui sont par-delà les idées régnantes, ou qu'elle en détruit qui leur sont conformes, elle produit inévitablement des réactions, parce que le niveau n'étant plus, les institutions ne se soutiennent que par une succession d'efforts, et que le moment où la tension cesse, est celui du relâchement.

La révolution d'Angleterre, qui avoit été faite contre le Papisme, ayant dépassé ce terme, en abolissant la royauté, une réaction violente eut lieu, et il fallut, vingt-huit ans après, une révolution nouvelle, pour empêcher le Papisme d'être rétabli. La révolution de France, qui a été faite contre les privilèges, ayant de même dépassé son terme, en attaquant la propriété, une réaction terrible se fait sentir, et il faudra, non pas, j'espère, une révolution nouvelle, mais de grandes précautions, et un soin extrême, pour s'opposer à la renaissance des privilèges.

Lorsqu'une révolution, portée ainsi hors de ses bornes, s'arrête, on la remet d'abord dans ses bornes. Mais on ne se contente pas de l'y replacer. L'on rétrograde d'autant plus que l'on avoit trop avancé. La modération finit, et les réactions commencent.

Il y a deux sortes de réactions; celles qui s'exercent sur les hommes, et celles qui ont pour objet les idées.

Je n'appelle pas réaction la juste punition des coupables, ni le retour aux idées saines. Ces choses appartiennent, l'une à la loi, l'autre à la raison. Ce qui, au contraire, distingue essentiellement les réactions, c'est l'arbitraire à la place de la loi, la passion à la place du raisonnement : au lieu de juger les hommes, on les proscrit; au lieu d'examiner les idées, on les rejette.

Les réactions contre les hommes perpétuent les révolutions; car elles perpétuent l'oppression, qui en est le germe. Les réactions contre les idées rendent les révolutions infructueuses, car elles rappellent les abus. Les premières dévastent la génération qui les éprouve : les secondes pèsent sur toutes les générations. Les premières frappent de mort les individus : les secondes frappent de stupeur l'espèce entière.

Pour empêcher la succession des malheurs, il faut comprimer les unes : pour retirer, s'il est possible, quelque fruit des malheurs qu'on n'a pu prévenir, il faut amortir les autres.

Les réactions contre les hommes, effets de l'action précédente, sont des causes de réactions futures. Le parti qui fut opprimé, opprime à son tour ; celui qui se voit illégalement victime de la fureur qu'il a méritée, s'efforce de ressaisir le pouvoir ; et lorsque son triomphe arrive, il a deux raisons d'excès, au lieu d'une ; sa disposition naturelle, qui lui fit commettre ses premiers crimes, et son ressentiment des crimes qui furent la suite et le châtiment des siens.

De la sorte, les causes de malheur s'entassent, tous les freins se brisent, tous les partis deviennent également coupables, toutes les bornes sont dépassées ; les forfaits sont punis par des forfaits ; le sentiment de l'innocence, ce sentiment qui fait du passé le garant de l'avenir, n'existe plus nulle part, et toute une génération, pervertie par l'arbitraire, est poussée loin des loix par tous les motifs, par la crainte et par la vengeance, par la fureur et par le remords.

La vengeance est étrangement aveugle. (1) Elle pardonne aux hommes mêmes dont les forfaits l'ont soulevée, pourvu qu'ils la dirigent contre les instrumens de leurs crimes. Ces hommes se mettent à la tête des réactions que leurs propres attentats ont provoquées, et ils les rendent plus épouvantables.

Les hommes sensibles ne sauroient être féroces. Le regret adoucit la fureur; il y a dans le souvenir de ce qu'on aima une sorte de mélancolie qui s'étend sur toutes les impressions.

Mais ces hommes atroces et lâches, avides d'acheter par le sang le pardon du

---

(1) Si l'on se rappelle la réaction qui suivit le premier prairéal, an 3, on ne trouvera que trop de faits qui viennent à l'appui des réflexions qu'on va lire.

sang qu'ils ont répandu, ne mettent point de bornes à leurs excès. Leur motif n'est pas la douleur, mais la crainte; leur barbarie n'est point entraînement, mais calcul; ils ne massacrent point, parce qu'ils souffrent, mais parce qu'ils tremblent, et comme leurs terreurs sont sans terme, leurs crimes n'en sauroient avoir.

Si cette multitude passionnée, qui, en France, a coopéré aux réactions, eût pu s'arrêter un instant pour contempler ses chefs, elle auroit frémi. Elle auroit vu qu'elle suivoit, contre des instrumens exécrables, des meneurs plus exécrables encore. Ces guides l'entraînoient vers la férocité, pour se dérober à la justice. Dans l'espoir de faire oublier leur complicité, ils excitoient à l'assassinat de leurs complices. Ils rendoient la vengeance nationale illégale et atroce, pour marcher devant elle et pour lui échapper.

Ces exemples doivent inspirer une horreur profonde pour toutes les réactions de ce genre. Elles atteignent quelques criminels, mais elles éternisent le règne du crime; elles assurent l'impunité aux plus dépravés des coupables, à ceux qui sont prêts toujours à le devenir dans tous les sens.

Les réactions contre les idées sont moins sanglantes, mais non moins funestes. Par elles les maux individuels deviennent sans fruit, et les calamités générales sans compensation. Après que de grands malheurs ont renversé de nombreux préjugés, elles ramènent ces préjugés, sans réparer ces malheurs, et rétablissent les abus, sans relever les ruines; elles rendent à l'homme ses fers, mais des fers ensanglantés.

Ces réactions, qui, de révolutions désastreuses, font encore des révolutions inutiles, naissent de la tendance de l'esprit humain à englober dans ses regrets tout ce qui entouroit ce qu'il regrette. Ainsi que dans nos souvenirs de l'enfance, ou d'un tems heureux qui n'est plus, les objets indifférens se mêlent à ce qui nous étoit le plus cher, et le charme du passé s'attache à tous les détails, l'homme qui, dans le bouleversement général, a vu s'écrouler l'édifice de son bonheur individuel, croit ne pouvoir le relever qu'en rétablissant tout ce qui partagea sa chûte; les inconvéniens mêmes et les abus lui deviennent précieux, parce qu'ils lui paroissent, dans le lointain, liés intimement aux avantages dont il déplore la perte.

Cette disposition non seulement s'oppose à l'amélioration du nouveau systême, mais elle interdiroit le perfectionnement de l'ancien. On éprouve une vénération superstitieuse pour un composé dont on n'ose examiner les parties, de peur de les disjoindre. On oublie que l'on doit juger ce qui n'est plus comme ce qui n'a jamais été, et que si, lorsqu'il est question de détruire, il ne faut détruire que ce qui est funeste, quand il s'agit de relever, il ne faut relever que ce qui est utile ; et après ce retour aux préjugés, l'asservissement est plus complet, la soumission plus illimitée, que si l'on ne s'en fût jamais écarté.

Ce n'est donc pas assez d'avoir conquis la liberté, d'avoir fait triompher les lumières, d'avoir acheté, par de grands sacrifices, ces deux biens inestimables, d'avoir mis, par de grands efforts, un terme à ces sacrifices ; il faut encore empêcher que le mouvement rétrograde, qui succède inévitablement à une impulsion excessive, ne se prolonge au-delà de ses bornes nécessaires, ne prépare le rétablissement de tous les préjugés, ne laisse enfin, pour vestige du changement qu'on voulut opérer, que des débris, des larmes, de l'opprobre et du sang.

CHAPITRE II

Des devoirs du Gouvernement dans les Réactions contre les hommes.

LES devoirs du gouvernement sont très-différens dans ces deux espèces de réactions.

Contre celles qui ont pour objet les hommes, il n'a qu'un moyen, c'est la justice. Il faut qu'il s'empare des réactions, pour ne pas être entraîné par elles. La succession des forfaits peut devenir éternelle, si l'on ne se hâte d'en arrêter le cours.

Mais, en remplissant ce devoir, le gouvernement doit se garder d'un écueil dangereux; c'est le mépris des formes, et l'appel des opprimés contre les oppresseurs. Il doit contenir les premiers en même tems qu'il les venge.

Un gouvernement foible fait tout le contraire; il craint de sévir, et souffre qu'on massacre. Par une déplorable timidité, tout en désirant que les scélérats périssent, il veut que le danger de la sévérité ne retombe pas sur lui. Dans l'aveuglement qui accompagne la crainte, l'exagération de son impuissance lui paroît un moyen de sûreté. Il dit à qui lui demande une juste vengeance : nous ne pouvons punir des forfaits que nous détestons ; c'est dire : vengez-vous. Il dit à qui réclame contre des cruautés illégales : nous ne pouvons vous dérober à une fureur dont nous gémissons ; c'est dire : défendez-vous. C'est ordonner la guerre civile ; c'est forcer l'innocence au crime, le crime à la résistance, tous les citoyens au meurtre ; c'est proclamer l'empire de la violence, et se rendre responsable de tous les délits qui se commettent. Malheur au gouvernement qui, restant neutre entre les attentats anciens et les attentats nouveaux, ne se sert de son pouvoir que pour se maintenir dans cette neutralité honteuse, et, tandis qu'il devroit régir, ne songe qu'à exister !

Il se trompe même dans cette lâche espérance. C'est à tort qu'il croit se faire un parti, en accordant l'impunité à ceux auxquels il refuse la justice. Ces hommes s'irritent de ce qu'il les force à devoir au crime ce que les loix leur avoient promis. Souffrir l'illégalité, tolérer l'arbitraire, n'assure pas même la reconnaissance de qui profite de cette faiblesse.

Le gouvernement réunit ainsi contre lui toutes les haines ; celles du coupable qu'il abandonne à un châtiment illégitime ; celle de l'innocent, qu'il rend coupable. Il perd le mérite de la sévérité sans en éviter l'odieux.

Lorsque la justice est remplacée par un mouvement populaire, les plus exagérés, les moins scrupuleux, les plus féroces, se mettent à la tête de ce mouvement. Des hommes de sang s'emparent de l'indignation qui s'élève contre les hommes de sang, et après avoir agi contre les individus au mépris des loix, ils tournent leurs armes contre les loix mêmes.

Impassible, mais fort, le gouvernement doit tout faire par sa propre force, n'appeler à son secours aucune force étrangère, tenir dans l'immobilité le parti qu'il secourt, comme le parti qu'il frappe, et sévir également contre l'homme qui veut devancer la vengeance de la loi et contre celui qui l'a méritée.

Mais il faut pour cela qu'il renonce aux flatteries enivrantes. L'impassibilité n'excite pas l'enthousiasme. On ne viendra pas le féliciter comme lorsqu'il manque à ses devoirs. Les passions déchaînées ne porteront pas à ses pieds l'hommage tumultueux d'une reconnaissance effrénée. Tout le monde crioit : gloire à la Convention, lorsque, cédant à l'entraînement de la réaction, elle laissoit remplacer les maux qu'elle avoit faits par des maux qu'elle auroit du prévenir. Personne ne criera : gloire au Directoire, si, en châtiant les crimes passés, il n'en tolère point en sens inverse.

C'est par une erreur dont la révolution est la cause que le gouvernement s'est persuadé qu'il devoit avoir un parti pour lui. Toutes les factions cherchent à accréditer cette erreur. Chacune d'elles aspire à devenir centre, et prétend faire signe au gouvernement de l'entourer.

Cette prétention leur suggère les raisonnemens les plus bizarres. Comme elles sentent bien que la majorité dont elles se vantent, ne peut jamais être qu'ondoyante et passagère, elles se gardent de distinguer cette majorité d'un jour, de la majorité durable. Il faudroit, pour les satisfaire, que le gouvernement fût toujours en observation pour découvrir, et toujours en marche pour rattrapper cette majorité fugitive. *Le gouvernement ne doit s'arrêter*, disent-elles, *que lorsqu'il est au centre de ses vrais intérêts : lorsqu'il n'y est pas, il doit s'y replacer, et seulement alors il se fixe, parce que là seulement convergent tous les rayons de la circonférence.*

Cette métaphysique figurée, qui réunit à l'obscurité de l'abstraction le vague de la métaphore, sert admirablement à confondre toutes les idées, et à remplacer des notions précises par d'indéfinissables images.

Qui ne croirait, d'après ces principes, que le centre des intérêts du gouvernement est un point tellement marqué, tellement évident, tellement perceptible à tous les yeux, qu'au moment où le gouvernement s'y placera, il s'élevera un cri unanime d'assentiment et d'approbation ? Et qui ne voit, au contraire, que, sur-tout à la fin d'une révolution, tous les intérêts ayant été froissés, les anciens intérêts subsistant encore, les intérêts nouveaux forts de leur jeunesse, chacun voudra faire de son intérêt le centre du gouvernement, et que celui-ci, balloté par tous ces intérêts successifs et opposés, n'acquerra jamais ni stabilité, ni force, ni dignité, ni confiance?

Il faut qu'immobile, il laisse s'agiter, se briser à ses pieds tous les intérêts particuliers, tous les intérêts de classe, que son immobilité les force à l'entourer, à s'arranger, chacun de la manière la plus tolérable, et à concourir, quelquefois malgré eux, au rétablissement du calme, et à l'organisation du nouveau pacte social. Lorsqu'on veut rallier autour d'un étendard une armée dispersée, porte-t-on cet étendard çà et là dans la plaine, le présentant à chaque fuyard, le plantant au milieu de chaque grouppe, l'en arrachant aussi-tôt pour le faire flotter ailleurs? Ne le place-t-on pas plutôt sur quelqu'éminence, vers laquelle tous les yeux se tournent, tous les pas se dirigent, de sorte que la multitude, voyant enfin le point fixe, soit, pour ainsi dire, involontairement entraînée à se rassembler autour?

Il faut que ce qui est passionné, personnel et transitoire, se rattache et se soumette à ce qui est abstrait, impassible et immuable. Il faut que le gouvernement repousse cette réminiscence révolutionnaire, qui lui fait rechercher une autre approbation que celle de la loi. Il doit trouver son éloge, là où sont écrits ses devoirs, dans la constitution qui est toujours la même, et non dans les applaudissemens passagers des opinions versatiles.

CHAPITRE III.

CHAPITRE III.

Des devoirs du gouvernement dans les réactions contre les idées.

Si, dans les réactions contre les hommes, le gouvernement a sur-tout besoin de fermeté, dans les réactions contre les idées, il a besoin sur-tout de réserve. Dans les unes, il faut qu'il agisse; dans les autres, qu'il maintienne. Dans les premières, il importe qu'il fasse tout ce que la loi ordonne : dans les secondes, qu'il ne fasse rien de ce que la loi ne commande pas.

Les réactions contre les idées portent sur des institutions ou sur des opinions. Or les institutions ne demandent que du tems, les opinions que de la liberté.

Entre les individus et les individus, le gouvernement doit mettre une force répressive : entre les individus et les institutions, une force conservatrice : entre les individus et les opinions, il n'en doit mettre aucune.

Lorsque vous avez établi une institution,

ne vous irritez pas de ce qu'on la désapprouve. Ne cherchez pas à empêcher qu'on ne déclame contre elle : n'exigez la soumission que d'après les formes et devant la loi. Ignorez l'opposition; supposez l'obéissance ; maintenez l'institution : avec la loi, les formes et le tems, l'institution triomphera.

Lorsque vous avez, je ne dirai pas établi une opinion, Dieu vous préserve d'en établir, mais renversé la puissance de quelqu'opinion qui fut jadis un dogme, ne vous effrayez pas de ce qu'on la regrette ; ne prohibez pas l'expression de ces regrets; n'allez pas lui décerner les honneurs de l'intolérance : feignez d'ignorer son existence même; opposez à son importance votre oubli; laissez à qui le voudra le soin de la combattre : il se présentera des combattans, n'en doutez pas, lorsque l'odieux du pouvoir ne rejaillira plus sur la cause. Ne comprimez que les actions, et bientôt l'opinion, examinée, appréciée, jugée, subira le sort de toutes les opinions que la persécution n'annoblit pas, et descendra pour jamais de sa dignité de dogme.

La justice prescrit au gouvernement

cette conduite. La prudence encore la lui prescrit.

Les réactions contre les hommes n'ont qu'un but, la vengeance, et qu'un moyen, la violation de la loi. Le gouvernement n'a donc à prévenir que des délits précisés d'avance. Mais les réactions contre les idées sont variées à l'infini, et les moyens sont plus variés encore. Si le gouvernement veut être actif, au lieu d'être simplement préservateur, il se condamne à un travail sans fin ; il faut qu'il agisse contre des nuances : il se dégrade par tant de mouvemens pour des objets presqu'imperceptibles. Ses efforts, renouvellés sans cesse, paroissent puériles : vacillant dans son systême, il est arbitraire dans ses actes : Il devient injuste, parce qu'il est incertain : il est trompé parce qu'il est injuste.

CHAPITRE IV.

Des devoirs des écrivains dans les réactions contre les idées.

C'EST aux hommes qui dirigent l'opinion par les lumières, à s'opposer aux réactions contre les idées. Elles sont le domaine de la pensée seule, et la loi ne doit jamais l'envahir.

Il est beau, le traité entre la puissance et la raison, ce traité par lequel les hommes éclairés disent aux dépositaires d'un pouvoir légitime : vous nous garantirez de toute action illégale, et nous vous préserverons de tout préjugé funeste. Vous nous entourerez de la protection de la loi, et nous environnerons vos institutions de la force de l'opinion.

Mais dans l'accomplissement de ce traité, les deux partis doivent être également scrupuleux et fidèles. Il faut que le gouvernement ne voie pas, dans toute réclamation hardie, un sujet de défiance. Il faut aussi que ceux qui prétendent l'éclairer n'aient pas de secrettes pensées qui motivent cette défiance, alors même que leurs professions de foi publiques semblent ne pas la mériter. Si, sectateurs obstinés de préjugés chéris, ils consacrent en silence à ces divinités mystérieuses, l'encens qu'ils paroissent brûler en l'honneur de la divinité nationale, ils ravalent la dignité de leur ministère ; ils dépopularisent la raison ; par l'usage qu'ils font du raisonnement ; ils perdent tous leurs droits à être écoutés des gouvernans, et rendent suspecte la langue sacrée qui devroit servir aux gouvernés contre l'oppression.

CHAPITRE V.

De la conduite des écrivains actuels.

MALHEUREUSEMENT les circonstances éloignent aujourd'hui des idées républicaines plusieurs des hommes qui sembloient destinés à éclairer leur patrie.

L'un des dangers des révolutions, c'est que, dans les ébranlemens qu'elles causent, les vérités, se précipitant avec les crimes, se trouvent souillées par cette funeste association. L'incrédulité nous rappelle les forfaits d'Hébert : parce que des assassins exécrables ont massacré des prêtres catholiques, on attribue ces meurtres à des opinions philosophiques que les meurtriers ne connoissoient même pas. Les attentats des bourreaux, les tourmens des victimes, semblent plaider en faveur de dogmes également étrangers à l'horreur qu'inspirent les uns, et à la pitié qu'on doit aux autres. Ainsi les fureurs de la Jacquerie déshonorèrent pour long-tems l'égalité. Ainsi les excès de Jean de Leyde consacrèrent les abus qui les avoient provoqués. On oublie qu'il faut laisser s'appaiser l'orage des passions, avant de juger les idées, ou pour mieux dire, qu'en recueillant toutes ses forces pour comprimer, pour anéantir le crime, sous quelque prétexte qu'il se commette, il faut ajourner, jusqu'en des tems plus heureux, l'examen du principe que les criminels ont choisi pour leur prétexte.

Cette erreur est naturelle : est-ce au milieu de la mêlée, tandis qu'il faut écraser des scélérats, réunis autour d'un étendard que le hasard a mis entre leurs mains, et que leur rage a défiguré, que l'on peut discerner cet étendard ?

Mais quelqu'excusable que soit cette sensibilité profonde que la vue de la douleur prive de la puissance d'abstraire et du don de raisonner, quelque respectable même que puisse être l'homme qui, à l'aspect du sang, se déclare à-la-fois, et contre celui qui l'a versé, et contre le principe au nom duquel il a été répandu, l'homme qui, d'impulsion et sans examen, embrasse jusqu'à l'opinion du malheureux, il n'en est pas moins important, alors qu'une révolution s'achève, et ne demande qu'à se calmer, d'en revenir à des appréciations plus justes, et à des jugemens moins exaltés.

Comme le remarque, dans les premières lignes d'un ouvrage récemment publié, un auteur qui, dans le reste de son livre, semble avoir perdu de vue ce principe: *lorsqu'un gouvernement commence, ce ne sont pas seulement des gouvernans qui ne savent pas commander, ce sont encore des gouvernés qui ne savent plus obéir. En enseignant au peuple la désobéissance envers l'autorité sous laquelle il naquit, on la lui enseignoit bien plus envers celle qui alloit naître. En le dressant à l'insurrection, on lui donnoit une leçon qu'un jour il devoit répéter à son maître. Le gouvernement devant au même instant le redresser à l'obéissance, et se former au commandement, on ne conçoit pas qu'il puisse se conserver.*

Il faut donc que tous les hommes, dont l'influence peut ramener l'habitude de la subordination, se rallient au gouvernement. S'ils se mettent encore contre lui, s'ils secondent de leurs moyens d'opinion la disposition à la résistance que le peuple a contractée, jamais l'ordre ne pourra renaître; jamais les gouvernans ne reprendront cette confiance en eux-mêmes qui les empêche de recourir à l'arbitraire : jamais les gouvernés ne se façonneront à la soumission qui les préserve de l'anarchie.

Lorsque les écrivains se permettent des insinuations amères, des déclamations exagérées, des regrets inutiles, ils n'agissent pas seulement contre le gouvernement particulier qu'ils n'aiment pas, mais contre l'idée générale de l'ordre. Ils mettent un obstacle de plus à son rétablissement; ils confirment le peuple dans l'habitude du mécontentement, et font sentir au gouvernement la nécessité de l'arbitraire. L'un s'irrite et se refuse à l'obéissance : l'autre s'effraye et a recours à la vexation. Un troisième inconvénient retombe sur les écrivains eux-mêmes. Ils ôtent à leurs représentations les plus sages, à leurs réclamations les mieux fondées, tout le poids qu'elles auroient, en plaçant à côté d'elles des personnalités et des allusions qui décréditent l'ouvrage et l'auteur, même auprès de la malignité qui les accueille. Lorsqu'un écrivain fait succéder à l'expression transparente de ses regrets sur la royauté, des considérations sur tel abus dans la république, on est disposé à le soupçonner de vouloir rétablir ce qu'il regrette, et l'on pense qu'il n'attaque les abus, que parce qu'il les croit favorables à ce qu'il hait. De la sorte, l'on s'attache à l'abus de par son adversaire, et ce dernier ne gagne à son double effort que d'en détruire l'effet. La royauté ne se rétablit pas, et la république reste abusive.

Ces reproches sont mérités aujourd'hui par une classe d'écrivains nombreuse et puissante, qui semble employer tous ses moyens à prolonger cette agitation des esprits, cette exagération rétrograde des opinions. Elle ajoute à la vélocité de l'impulsion presque matérielle qui nous entraîne à-la-fois loin des idées libérales, et loin des crimes révolutionnaires, et combat les vérités par des ressentimens, et les principes par des souvenirs.

Cette classe est composée d'hommes qui furent long-tems et justement célèbres sous la monarchie ; j'ajouterai, d'hommes qui ont rendu de grands, d'éminens services à la chose publique, immédiatement après la chûte des décemvirs. Ils ont, avec constance et avec courage, appellé, provoqué, exigé, obtenu une foule de mesures douces et humaines, foibles réparations de dix-huit mois de la plus exécrable tyrannie. Mais, dans cette lutte honorable contre les restes affreux du régime révolutionnaire, ils ont contracté l'habitude de lutter. Ils mettent leur orgueil à fronder la liberté, comme le despotisme, la vérité comme l'erreur. Ils perdent le mérite du courage, en l'employant dans tous les sens. L'utilité ne leur est de rien, l'opposition leur semble tout, et, par une méprise funeste, tandis que l'honneur est dans le but, ils le placent dans la résistance.

Ils n'ont pu pardonner à la révolution de les avoir dépossédés d'une portion de gloire impossible à reconquérir. Ils ont senti qu'elle dépassait leur hardiesse, qu'elle leur enlevait les faciles triomphes qu'ils remportoient avec une apparence honorable de danger sur une autorité expirante. Tous les moyens d'attaque qu'une longue habitude leur avoit enseignés contre les abus monarchiques, elle les rendoit inutiles par la destruction de ces abus. Ils s'étoient distribué des rôles dans une pièce qui devoit être d'un intérêt général : elle les éloignoit cruellement de la scène.

Dépouillés de leur influence par la tyrannie de la populace, ils ont cru que par cela seul que cette tyrannie était renversée, leur influence leur était rendue. Ils n'ont pas senti que les guerres civiles ne ferment pas seulement les académies, mais détruisent l'esprit académicien, et qu'après sept années d'un bouleversement qui a usé toutes les forces, l'on ne pouvait avoir, pour leurs allusions fines, pour leurs nuances délicates, pour leurs piquantes épigrammes, l'empressement qu'on leur témoignoit dans les tems paisibles et désœuvrés de la monarchie. De même que les prêtres redemandent les autels, les nobles les droits féodaux, ces hommes redemandent l'importance littéraire, et leur espoir trompé les irrite, non pas uniquement contre les causes qui n'existent plus, mais contre les effets auxquels il est impossible de porter remède. Dans un ordre de choses tout-à-fait nouveau, ils veulent avoir la même puissance que dans l'ordre ancien, et par des moyens semblables; et comme ils ont perdu cette puissance sous l'anarchie, ils croyent que, puisqu'ils ne la regagnent pas, l'anarchie subsiste encore. Ils regardent leur suprématie d'opinion comme une partie essentiel de l'ordre social, et ils ne peuvent croire au rétablissement de l'ordre social qu'on ne rétablisse leur suprématie.

De-là, cette aigreur contre les hommes et contre les choses; de-là, cet acharnement à se servir toujours d'armes émoussées, et cette indignation, mêlée de surprise, de ce que leurs coups restent sans effet; de-là, ce regret véritable de leur considération passée, et ce regret apparent du systême qui leur valoit cette considération.

Ces hommes ne sont pas des royalistes; mais ils aimoient, dans la royauté, la proportion établie entre la foiblesse du gouvernement et leurs forces individuelles. Une autorité vacillante, des ministres indécis, une administration timide et versatile, qui les lisoit, les craignoit, les menaçoit, leur donnoit de la persécution tout juste ce qu'il en falloit pour la gloire;

voilà précisément les ennemis qui leur convenoient.

Leurs regrets sont puériles, mais ils sont naturels : on les jugeroit avec indulgence ; on pardonneroit à leurs prétentions, dernières ruines d'un édifice détruit, si la direction qu'ils donnent à l'opinion, si les moyens qu'ils emploient ne nous menaçoient des plus grands maux. Mais on chercheroit vainement à se déguiser combien la réaction qu'ils favorisent est générale et rapide. De quelque côté que l'on jette les yeux, l'on voit sortir, comme de terre, des préjugés qu'on croyoit détruits.

Tantôt ce sont des préjugés de détail, que l'on ne regrette que comme faisant partie d'un grand tout. On les allie, par une ruse grossière, à des souvenirs qui leur sont absolument étrangers : dans des questions de législation, l'on évoque les excès de l'anarchie ; on attaque une loi de par ses auteurs ou sa date ; on arguë, contre des opinions abstraites, d'après des crimes qui n'ont avec elles de rapport que leur époque.

Tantôt on exhume des sophismes depuis long-tems oubliés en faveur de ces préjugés plus généraux, dont l'obscurité compliquée est, par cela seulement, moins évidente. Composés d'un enchaînement d'erreurs, il faut, pour les apprécier, suivre un enchaînement d'idées; et retranchés derrière ce boulevard, que ne peut franchir la foule inattentive, ils demeurent sacrés à ses yeux. Ainsi, l'on plaide pour l'hérédité (1), pour ce dernier anneau de la chaîne immense sous laquelle, depuis plusieurs milliers d'années, s'agite et gémit notre espèce. L'on plaide pour l'hérédité, pour cette institution qui provoque tour-à-tour la violence dévastatrice des passions soudaines, et le calcul victorieux des lumières progressives, et qui est tellement contre nature, que les hommes grossiers tendent, par le crime, au but où les hommes éclairés arrivent par la raison.

Chez les peuples ignorans, les privilèges

(1) Quelques personnes m'ont conseillé d'avertir le lecteur que par hérédité, je n'entendois que la doctrine des privilèges, et non des propriétés héréditaires. Je crois cet éclaircissement superflu. Cependant j'y souscris, pour prévenir toute équivoque.

peuvent se soutenir; mais les privilégiés en sont souvent les victimes : chez les peuples instruits, les privilégiés doivent être épargnés; mais les privilèges doivent tomber. Dans le quatorzième siècle, les paysans égorgeoient la noblesse : dans le dix-huitième, les philosophes l'ont abolie, et ce siècle même, par la lutte désastreuse qui s'est engagée, a vu succéder à cette mesure générale et salutaire, une proscription individuelle et exécrable, parce que cette lutte, soulevant jusqu'aux classes encore brutes de la société, a réuni de la sorte les excès de la férocité, aux résultats du raisonnement. Malgré cet exemple, on veut, par d'ingénieuses nuances, par des considérations fines, par des subtilités élégantes, par l'éclat du talent, par de brillantes images, relever l'hérédité(1). L'on renonce, il est vrai, à ces argumens surnaturels employés si long-tems avec succès. L'on abandonne le poste ruiné du droit divin, mais on se replie sur l'utilité. L'on descend du ciel, mais on combat sur la

(1) *Voyez la note à la fin de l'ouvrage.*

terre, et telle est la confiance qu'inspire l'impulsion d'une réaction désordonnée, que l'on ne met pas en doute la résurrection d'un abus, contre lequel réclament, et la classe forte qui détruit, et la classe pensante qui organise, d'un abus que la raison désapprouve, et que repousse l'instinct.

Enfin l'on travaille, avec plus de zèle encore, au rétablissement des préjugés religieux. Des hommes qui n'ont dû qu'à un long apprentissage d'incrédulité, leur éclat éphémère; des hommes, proclamés jadis illustres, sous la condition qu'ils seroient impies, violant aujourd'hui cette clause expresse du traité, employent en faveur des mystères du catholicisme, une plume vieillie dans la répétition des sarcasmes de Voltaire, et des insinuations de d'Alembert: une lumière descendue du ciel semble tout-à-coup avoir éclairé une foule d'athées fanatiques, de sceptiques dogmatiseurs, d'incrédules intolérans. S'ils se bornoient à réclamer contre une persécution, absurde autant qu'inique, et qui marche contre son but, nous les seconderions de tous nos efforts. Mais en s'élevant contre une injustice présente, on les voit méditer une injustice future. En invoquant, comme tous les partis foibles, le droit sacré de la tolérance, ils conservent du goût pour la persécution, pourvu qu'elle soit exercée au nom d'une religion même erronée. Vous les voyez s'extasier sur la piété des Athéniens, dans la condamnation de Socrate. *Peuple sublime*, s'écrioit il y a peu de tems un journaliste, *peuple sublime, dans l'esprit duquel on ne parvint à perdre le plus vertueux des hommes, qu'en le faisant passer pour impie.*

Ainsi se reconstruit le triple édifice de la royauté, de la noblesse et du sacerdoce. Ainsi les opinions libérales sont attaquées par des transfuges de la philosophie, par les disciples mêmes de ces génies immortels, qui ont osé rêver la régénération de l'espèce humaine.

Autrefois, fatigué de la pression des classes supérieures, chacun tiroit à soi celle qui pesoit immédiatement sur lui; et cet effort simultané produisit un bouleversement universel. Aujourd'hui, épouvanté de ce bouleversement, chacun pense qu'il ne peut se relever, sans relever aussi ce qui jadis l'entouroit, et même ce qui étoit au-dessus de lui. Le sentiment de la pression lui paroît un gage de sécurité. L'on bâtit sur un terrein vierge, mais on bâtit avec des souvenirs, et l'on perd le prix de sept années de calamités. Nous sommes tellement effrayés des révolutions, que tout ce qui est neuf nous paroît révolutionnaire, et presque tout ce qui n'est pas abusif est neuf.

Le gouvernement seul lutte encore contre cette disposition générale. Il lutte, mais avec effort, et le combat même est, pour la liberté, un danger d'un genre nouveau.

En se servant contre une république naissante de toute la puissance de l'opinion, les écrivains forcent ceux à qui les destinées de cette république sont confiées, à faire, pour l'intérêt de la liberté, précisément le contraire de ce qui distingue les gouvernemens libres, à s'isoler des hommes éclairés, et à braver l'opinion par la force. Si cette habitude se consolidoit, de deux contre-révolutions morales il ne pourroit manquer de s'en opérer une : ou les écrivains l'emporteroient sur le gouvernement, et alors les lumières perverties ramèneroient toutes les idées qu'elles-mêmes avoient détruites ; ou le gouvernement l'emporteroit sur les écrivains, et alors le gouvernement, repoussant ces idées, repousseroit en même tems les lumières.

Les écrivains nous laisseroient peut-être une république, mais avec une religion dominante, l'indissolubilité du mariage, la proscription des enfans naturels, et successivement toutes les erreurs qui sont le résultat inévitable d'une erreur première : le gouvernement nous donneroit sûrement une république affranchie de cet attirail gothique, mais privée aussi de l'appui de l'opinion, dépouillée de l'éclat et de la libéralité des lumières, et dirigée par des hommes qui, toujours harcelés par les gens de lettres, et toujours vainqueurs, auroient conçu le mépris des lettres et de ceux qui les cultivent.

Dans les deux suppositions, cette république ne seroit pas de longue durée. Dans la première, investie, dès sa naissance, d'erreurs ressuscitées, elle seroit bientôt étouffée par elles, et la royauté, digne complément de toutes les erreurs, viendroit couronner l'édifice de préjugés royaux qu'on relève avec tant de soin. Dans la supposition contraire, il n'est pas de la nature d'un gouvernement de suivre toujours la ligne des principes, en marchant contre l'opinion. L'isolement le rendroit forcément sombre, égoïste et ambitieux. Obligé de fermer l'oreille à la voix publique, il l'ouvriroit bientôt à celle de son intérêt particulier, et le despotisme militaire assureroit à-la-fois l'anéantissement des préjugés anciens, l'établissement d'un mépris grossier pour les lumières, flétries dans la défense de ces préjugés, et la perte de la liberté.

CHAPITRE VI.

Continuation du même sujet.

Assurément les écrivains que je viens de peindre sont loin de prévoir tous ces maux. Ce n'est pas sans retour qu'ils ont abjuré des principes dont leur jeunesse a été nourrie, auxquels ils doivent leur première gloire, et qui, de quelques excès qu'ils soient le prétexte, ne peuvent perdre leur empire sur des ames élevées et sur des esprits éclairés. Il y a dans la pensée, dans la méditation, dans l'étude, une tendance naturelle vers l'indépendance et vers la raison. Ceux des hommes de lettres qui sont de bonne foi dans leur opposition à l'autorité, contractent, par cette opposition même, une habitude de réclamation qui doit leur faire à jamais un besoin généreux de la résistance à l'abitraire. Dès qu'ils appercevront le despotisme à découvert, dès qu'ils discerneront l'abyme vers lequel les poussent leur éloignement pour quelques hommes, et leurs préjugés contre quelques institutions, ils reviendront à leurs destination primitive; ils se rallieront autour d'une cause qu'ils ont abandonnée, sans vouloir la trahir, et la liberté verra, réunis sous ses bannières, ses anciens comme ses nouveaux amis.

Déjà paroissent plusieurs symptômes de ce retour salutaire. Des écrivains, qui, pendant trop long-tems, ont abusé de leur talent d'amertume et de la force de leur logique, pour diriger contre les républicains une haine qui devoit, malgré eux, retomber sur la république même, regardent tout-à-coup autour d'eux, et s'étonnent de voir appliquer à leurs opinions chéries ce qu'ils avoient dit contre des mesures ou contre des hommes qu'ils détestoient. Illibéraux dans leurs inimitiés personnelles, ils sont éminemment libéraux dans leurs principes abstraits : et j'ose leur annoncer qu'ils ne tarderont pas à se joindre, dans la défense de la philosophie pour laquelle ils voudroient encore réclamer seuls, aux hommes mêmes qu'ils ont attaqués. Ils verront que leur cause est inséparable de celle de tous les amis de la liberté. Ils pardonneront des erreurs; on leur pardonnera des injustices. Ils grossiront la phalange républicaine, qui combat pour la préservation de tout ce qu'il y a de saint dans les droits et d'étendu dans les lumières.

Mais cette réunion tardive pourra-t-elle encore mettre un terme à la réaction dont la violence s'accroît d'heure en heure? Les hommes créent les circonstances ; mais les circonstances entraînent les hommes : la main qui donna le mouvement est rarement celle qui le dirige ou l'arrête, et le premier auteur d'une impulsion tombe souvent victime de celui qui s'en empare.

Lorsque les Girondins voulurent la république, une foule de citoyens vertueux leur crioit : l'anarchie vous suit, elle vous seconde, elle vous dévorera. Ce fut en vain. L'enthousiasme de leur sublime entreprise les aveugloit sur ses dangers. Ils ne virent pas les monstres qui formoient leur terrible arrière-garde. Ils fondèrent la république, et la féroce montagne la renversa sur ses fondateurs.

Il en pourroit être de même aujourd'hui dans le sens opposé. Derrière ces écrivains, dont les intentions sont pures, mais que dominent des souvenirs amers, ou d'excessifs scrupules, marche, avec des vues plus vastes, des moyens mieux combinés, des projets mieux suivis, un parti montagnard de sa nature, mais montagnard pour la royauté.

Les hommes qui composent ce parti, sont exempts du moins du reproche d'inconséquence. Ce ne sont point des apostats de la liberté. Ils n'ont jamais pris d'engagemens avec elle, ni fait aucun pas dans cette noble et périlleuse carrière.

De tout tems gouvernés par des opinions étroites, ou par des intérêts plus étroits encore, sectaires constans de l'illibéralité, sous la monarchie délateurs des philosophes, panégyristes de l'intolérance, apologistes de la saint Barthelemy, sous la république, enthousiastes de la monarchie, et fiers des crimes qui ont souillé la plus juste des révolutions, ils apportent aujourd'hui en pompe une désastreuse expérience, à l'appui d'une avilissante théorie. Ils nous étalent leurs prophéties prétendues.. Ils comptent avec une joie féroce les blessures de leur pays. Ils ne voient, dans les malheurs de la France, qu'une preuve en faveur de leurs dégradans systêmes. Odieux par leurs principes, odieux par leurs prédictions, plus odieux par leur joie, ils tirent de nouveaux sophismes des calamités que leurs sophismes causèrent. C'est en prêchant la résistance à des améliorations nécessaires qu'ils ont amené, au lieu de ces améliorations, des déchiremens; et comme si leur destination éternelle étoit d'empoisonner tous les biens, et d'évoquer tous les maux, après s'être opposés à ce qu'on améliorât, ils s'opposent aujourd'hui à ce qu'on répare.

Un grand nombre de journaux est sous la direction de ces hommes.

Je ne veux point ici blâmer en général l'existence des journaux. La nécessité d'écrire tous les jours me paroît, il est vrai, l'écueil du talent. Ce calcul journalier, qui fait d'une feuille un revenu, qui suppute les souscriptions, qui établit une rétribution pécuniaire, si positive et si détaillée, entre le lecteur dont on flatte l'opinion, et l'écrivain qui la flatte, ne laisse ni le tems ni l'indépendance que demande la composition d'ouvrages utiles. Le besoin de frapper par des réflexions fortes, mène à l'exagération : celui d'amuser par des anecdotes, entraîne à la calomnie.

Tous ces inconvéniens s'aggravent encore par les querelles polémiques, par les disputes personnelles, inséparables de cette profession. Un journaliste renonce à la dignité d'homme de lettres, à la profondeur du raisonnement, à la liberté de la pensée. D'ordinaire un journal est plus mauvais que son auteur; et d'ordinaire encore un auteur devient plus mauvais par son journal.

C'est avec regret que j'exprime ces vérités sévères. Je ne me déguise pas que les journaux sont une ressource très-efficace, peut-être la plus efficace, et quelquefois la seule, contre les actes d'oppression individuelle, qui sont inséparables de tout gouvernement administré par des hommes. Mais cette considération redouble mon ressentiment contre ceux qui, par l'abus qu'ils font de cette ressource, tendent à la rendre odieuse et illusoire.

Lorsqu'on pense qu'il y a, chaque jour, trois à quatre cents écrivains, inventant ou répétant des anecdotes calomnieuses contre tous les hommes distingués; et même, pour peu qu'une passion particulière les sollicite ou les soudoie, contre les hommes les plus obscurs; portant la désolation dans les familles; violant le sanctuaire de la vie domestique; déchirant les plus douces affections; semant la dissension entre les époux; rendant les citoyens suspects à l'autorité sous laquelle ils vivent, l'autorité odieuse à ceux sur qui elle est établie; exerçant, en un mot, un genre de persécution indéfinie et minutieuse, qui défie tous les ressentimens, et élude toutes les loix, et commettant tous ces crimes, pour la misérable rétribution journalière, qui sert à les dispenser de tout genre de travail honnête, et de toute occupation légitime, on éprouve, par une injustice involontaire, contre l'institution même, qui est sujette à de pareils abus, un mélange de mépris et d'horreur; et l'on a besoin de se rappeler que ce n'est qu'en France et depuis la révolution, que certains journalistes se sont regardés comme une classe ennemie de toutes les autres classes, et affranchie de tous les devoirs sociaux.

Il est cependant, je ne veux point le nier, plusieurs journaux qui méritent l'estime. Il en est dont les écarts ne sont point sans excuse. Je ne parle ici que de ceux qui font de la calomnie une spéculation mercantile, et qui, renchérissant les uns sur les autres, la mettent pour ainsi dire au concours. J'en connois de tels dans tous les partis; je les ai tous en vue, et si je déteste davantage ceux qui attaquent la liberté, je ne méprise pas moins ceux qui la souillent en la défendant.

La puissance de ces journaux s'est élevée, comme par magie, au milieu d'un écroulement universel. Elle donne de l'audace aux plus lâches et de la crainte aux plus courageux. L'innocence n'en garantit pas : le mépris ne peut la repousser. Destructive de toute estime et profanatrice de toute gloire, elle défigure le passé, elle devance l'avenir, pour le défigurer de même; et graces à ses efforts et à ses succès, après une révolution de sept années, il ne reste, dans une nation de vingt-cinq millions d'hommes, pas un nom sans tache, pas une action qui n'ait été calomniée, pas un souvenir pur, pas pas une vérité rassurante, pas un principe consolateur.

Ces journaux calomniateurs veulent établir leur magistrature sur un peuple, vainqueur de toute la terre. Cette magistrature est le contraire du gouvernement des meilleurs. C'est le gouvernement des plus vénaux et des plus vils. L'on a vu des nations écrasées par la force : d'autres furent trompées par la superstition. Aucune société encore n'avoit choisi pour guides des hommes, qu'elle accabloit elle-même de sa déconsidération. Ceux-ci ne fournissent à la France ni l'excuse de l'illusion ni celle de la terreur. Ce n'est ni du fond du sanctuaire, ni du haut du trône, qu'ils l'aveuglent et qu'ils l'asservissent : c'est du sein du mépris qu'ils la corrompent et la dégradent. Ils sont réunis par le mensonge : ils ont pour principe une ligue impie en faveur de tout ce qu'ils disent à l'envi de faux, d'injuste ou de calomnieux. Leur opprobre fait leur puissance : ils étalent leur dégradation (1), et vous les entendez, naïfs dans leur bassesse, se vanter

(1) *Voyez la note à la fin de l'ouvrage.*

de ce qu'à l'abri de cette égide, ils lancent impunément leurs traits empoisonnés, et déshonorent avec d'autant plus d'audace que leur sauve-garde est le déshonneur.

La plupart de ces écrivains sont à cette époque de la vie où l'ame, neuve encore, suit toutes les impulsions de la nature, et dont le partage est une noble imprudence, une généreuse indignation, une fierté préservatrice, un désintéressement exalté, l'amour du vrai, la haine du vice, toutes ces sensations, presque physiques dans nos premières années, et qu'on voit avec tant de peine la vieillesse décomposer et flétrir : et c'est à l'entrée de leur carrière qu'ils trafiquent volontairement d'opprobre, renoncent à leur propre estime, et dans leur monstrueuse alliance avec les sectaires vieillis des préjugés vaincus, présentent de toutes les réunions, la plus hideuse, la grossièreté brutale de la jeunesse, et la corruption rafinée de l'âge avancé.

A leur voix tout un peuple, digne jadis de la liberté, descend dans la servitude. A leur voix se flétrissent nos espérances : la victoire devient inutile : les défenseurs de notre patrie tombent insultés et méconnus.

Tandis que la gloire est sur nos frontières, la calomnie empoisonne et dévaste nos foyers; et ce qui par tout eût commandé la reconnoissance et l'enthousiasme, excite parmi nous l'insolence de l'ingratitude, l'espoir d'un doute coupable, ou le sourire du dédain.

CHAPITRE VII.

Des ressources qui restent aux amis de la Liberté et des lumières.

DANS ce dépérissement de l'opinion, dans cette dissolution apparente de tout esprit national, quel espoir peuvent conserver encore les amis de la liberté et des lumières? quels moyens ont-ils? quels plans doivent-ils suivre?

Leur cause n'est point perdue. Ils ne la trahiront point. Ils ne composeront avec aucun genre de réaction. Ils n'accepteront, ni le despotisme, ni une royauté mitigée, qui cesseroit bientôt de l'être, ni une république arbitraire, qui ne seroit pas moins vexatoire que la royauté, ni l'avilissement réduit en dogme, ni une grossièreté féroce réduite en principe.

De leur constance et de leur succès dépend et le salut de la république, et celui même de la tourbe imprudente qui les abandonne ou les proscrit.

La royauté qui les immoleroit, devenant

bientôt toute-puissante, demanderoit de nouvelles victimes. Les époques et les formes seroient oubliées : l'on méconnoîtroit des modifications désormais inutiles : avoir voulu tracer des limites à une puissance qui, de sa nature, n'en reconnoît point, égaleroit le crime d'avoir contribué à sa chûte, ou lutté contre son rétablissement.

Le systême que servent aujourd'hui des hommes jadis patriotes, franchira toujours toutes les barrières. Il dévorera indistinctement tout ce qui ne lui fut pas dévoué jusqu'au fanatisme. Si ce systême affreux triomphoit, la proscription seroit sans terme et sans bornes (1). Monsieur de la Fayette, dans les cachots ennemis, est encore l'objet de la haine de l'aristocratie implacable. Des hommes en France, oh honte ! applaudissent aux crimes de l'Autriche, à ces crimes dirigés, non-seulement contre l'infortune, mais contre le dévouement d'une femme, contre la piété conjugale et filiale, contre tout ce qui attendriroit les monstres les plus sauvages; et de lâches journaux comblent la mesure de leur opprobre, en justi-

(1) *Voyez la note à la fin de l'ouvrage.*

fiant une atrocité, sans exemple comme sans excuse, sans légalité comme sans pudeur (1). Bailly, Condorcet, Vergniaux, ombres vénérables, noms immortels, sont insultés indifféremment par des écrivains vendus autrefois à leurs bourreaux. Il est des hommes dans l'ame desquels la pitié n'entre jamais. L'exil, les cachots, les échafauds, toutes les calamités des partis vaincus, ne font naître en eux qu'une joie féroce. En attendant l'orgueil du triomphe, ils ont l'exultation de la cruauté. Ils déchirent des cadavres, ils foulent aux pieds des cendres, ils profanent des tombeaux.

Ces hommes attendent la chûte des républicains, pour s'élancer sur ceux mêmes qu'ils encouragent pendant la lutte. Dans leurs alliés d'aujourd'hui, ils marquent déjà les victimes de demain.

Ils ne déguisent point leurs ressentimens, tant ils comptent sur vos passions aveuglées, vous que traîne à leurs pieds un tardif et vain repentir.

Vous pardonneront-ils, généreux enthousiastes, qui, les premiers, avez donné le

---

(1) *Voyez la note à la fin de l'ouvrage.*

signal de la révolution qu'ils détestent, dont les noms sont attachés aux plus brillantes époques de l'affranchissement des Français, qui avez brisé vos propres privilèges, et dont le désintéressement ne leur paroît qu'un crime de plus ?

Vous pardonneront-ils, égoïstes ambitieux, à qui l'on n'a pas à reprocher des vertus, mais des fautes, qui avez mêlé vos vues particulières aux grands intérêts de la nation, et dont les calculs personnels ont détourné la révolution des sentiers de la morale ?

Vous pordonneront-ils enfin, à vous, hommes vraiment coupables, assassins convertis, proconsuls repentans ? Qu'attendez-vous de leur indulgence ? Quel traité peut être durable entre le crime qui abdique et la vengeance qui ressaisit le pouvoir ?

Vous tous, qui pendant un jour, pendant une heure, avez espéré de la révolution, vous qui l'avez applaudie, ou secondée, ou souillée, constituans, législatifs, conventionnels, feuillans, jacobins, criminels d'acclamations ou coupables de silence, vous êtes frappés d'un égal anathême. Votre sort à tous est décidé.

A vous, qui fûtes coupables ; la vie sous la république, elle vous l'a promise ; sous la royauté, la mort. A vous, qui ne fûtes qu'ambitieux, le pardon sous la république, elle vous le doit ; vous avez, malgré vos erreurs, servi la liberté ; sous la royauté, la mort. A vous, dont la conduite toujours pure, n'irrite que la tyrannie ; sous la république, gloire et reconnoissance toujours croissante ; sous la royauté, la mort.

C'est donc la France entière que défendent les républicains. Il appartient à eux seuls de la défendre. Seuls, ils peuvent opérer le rétablissement de l'ordre. Seuls, ils rassurent cette classe ardente et mobile, à laquelle, en lui révélant le secret de ses droits, l'on n'a pu cacher le secret plus dangereux de ses forces. Ils parlent seuls sa langue ; ils peuvent seuls la contenir, aujourd'hui qu'enfin il faut la convaincre au lieu de l'écraser, et lui inspirer la confiance, au lieu de lui commander l'effroi.

Cependant, une sorte de découragement semble s'être emparée d'eux. Ils sont muets au milieu des clameurs confuses de leurs ennemis. De toutes parts se multiplient des pamphlets incendiaires ou perfides. Ici l'on propose de violer la foi publique, de dépouiller de leur propriété, ceux qui, par leur confiance en la loyauté nationale, ont soutenu l'état, au milieu d'une guerre dévorante (1). Plus loin, on veut flétrir le vainqueur de l'Italie, et calomnier cette armée à laquelle la république doit peut-être autant son existence intérieure que ses éclatans triomphes au-dehors. Plus loin encore, un homme, incrédule, lorsque les philosophes distribuoient la gloire, et flatteur de la Commune lorsque la Commune assassinoit, tente de relever d'une main débile une superstition expirante. Cet homme, sous le régime de la terreur, rédigeoit dans un journal l'article littérature ; il plaçoit froidement, près des listes sanglantes des victimes de chaque jour, ses dissertations académiques : il fesoit des phrases à côté des échaffauds. Déiste d'abord par vanité, ensuite athée par peur, fanatique aujourd'hui par orgueil, et toujours bouffi d'un talent toujours médiocre, il se prétend saisi d'une indignation subite, trois ans après les crimes, et se pavane de son courage, trois

---

(1) *Voyez la note à la fin de l'ouvrage.*

ans après le danger. Et les républicains gardent le silence! Est-ce mépris pour de si misérables adversaires? Rien de ce qui se répète n'est à mépriser : tout a son effet dans les réactions, et le défaut du talent, l'absence de la bonne foi, le ridicule de la versatilité, ne suffisent point pour affoiblir des coups portés dans le sens de l'opinion. Est-ce déférence pour la domination de la mode? Ah! pour apprendre à dédaigner l'idole, qu'ils contemplent les adorateurs. Qu'ils voient cette race puérile, éphémère, effeminée, bourdonnante, semblable aux ombres que nous peint Homère, privée de connoissance et d'idées, dénuée de jugement, de caractère, de passions mêmes, et s'agitant dans le vide, imitatrice impuissante, mais infatigable des actions des hommes.

Multa variarum monstra ferarum,
—Tenues sine corpore vitas
Admoneat volitare, cava sub imagine formæ.

Il est vrai, ces êtres d'un jour, qui n'ont qu'une existence artificielle, des mouvemens copiés, des mots de ralliement, ces êtres travestis burlesquement en dispensateurs de la gloire, veulent ressusciter l'empire des sallons, le tribunal de la mode, de cette puissance législatrice de la vanité, indestructible comme elle, et chérie de tout ce qui est nul, parce qu'en rassemblant, elle paroît réunir, sert à-la-fois l'amour-propre et la peur, rassure le ridicule en le rendant général, et aggrandit les pygmées, en rabaissant le reste du monde à leur diminutive stature. Mais que les amis de la liberté, que ceux des lumières se raniment : qu'ils avancent vers ces légers fantômes : dès leurs premiers pas, ces fantômes se dissiperont : qu'alors, sans s'arrêter à les poursuivre, ils couvrent leur vain murmure de la voix forte et mâle de la vérité.

Qu'ils rappellent des axiomes éternels, qu'ils foudroient les préjugés qu'on relève, qu'ils rectifient les principes que l'on dénature : qu'ils défendent, avec un courage inébranlable, et sans redouter de calomnieuses interprétations, les hommes, jadis exaltés dans leurs opinions, mais non souillés de crimes, dont on veut aujourd'hui, soit imprudence ou perfidie, faire une race à-la-fois proscrite et terrible, qui n'ait d'asyle sur la terre que sous les débris de l'ordre social ; qu'ils les défendent, dis-je, en les contenant ; que ralliés, non pas à l'opinion qui suit les crises, mais au gouvernement, lorsqu'il modère l'opinion, ils garantissent ce gouvernement de la ressource enivrante et destructive de l'arbitraire, et développent enfin la force réparatrice, qu'à l'insu peut-être de quelques-uns de ses défenseurs, renferme la constitution.

Pour établir plus solidement le règne des principes, qu'ils confondent d'abord ceux qui les exagèrent, ces ennemis adroits de la liberté, devenus tout-à coup, de courtisans faciles des circonstances, d'amis complaisans de l'arbitraire, des logiciens sévères, et des métaphysiciens rigoureux.

Qu'ils fassent ressortir leurs contradictions, en prouvant par les faits, qu'ils ont combattu de tous leurs moyens la doctrine même qu'ils réclament, qu'ils se sont réfutés d'avance, qu'ils ont désigné, comme des fauteurs de l'anarchie, comme des ennemis de l'ordre public, ceux qui tenoient jadis leur langage d'aujourd'hui, et que c'est dans leurs propres discours, dans leurs éloquentes harangues, dans leurs pathétiques déclamations, que l'on peut trouver leur condamnation la plus sévère.

Les mêmes hommes qui maintenant invoquent la liberté illimitée de la presse, s'élevoient avec fureur contre cette liberté, lorsqu'ils n'avoient pas besoin qu'elle existât, ou pour mieux dire, lorsqu'ils avoient besoin qu'elle n'existât pas. Alors, il falloit prévenir les maux, au lieu de les punir : Alors, les feuilles périodiques étoient un poison terrible, une liqueur enivrante, dont le gouvernement devoit garantir le peuple.

Une réunion bizarre de circonstances les pousse aujourd'hui dans un sens contraire. La puissance et les préjugés étant pour le moment en opposition, leurs défenseurs ont besoin de la licence de la presse pour servir leur cause. Ils recourent à la raison, faute d'avoir reconquis la force. En voulant nous faire rétrograder, ils sont réduits à mettre en usage et à déclarer sacrée la ressource même qui nous a poussés si loin malgré leurs efforts.

C'est un trait caractéristique des révolutions que cette facilité et cette hardiesse des partis à jetter loin d'eux leurs raisonnemens, et à saisir les argumens de leurs adversaires, comme on voyoit, sur les bords du Scamandre, les héros Grecs et Phrygiens échanger leurs armes, et recommencer le combat.

L'histoire d'Angleterre, à l'époque des guerres de Charles I, est remplie d'exemples semblables. *Ce fut un singulier spectacle*, dit Clarendon, *que de voir les amis de la monarchie affectant la rigueur des opinions républicaines, et ceux qui étoient véritablement attachés à la république, forcés à défendre souvent des mesures monarchiques.*

Dans la dixième année de la Republique Anglaise, dit Burnet, *plusieurs hommes du parti du roi, de ceux qu'on appelloit Cavaliers, se mêlèrent aux affaires publiques. Ils étoient tous alors de zélés républicains, suivant les ordres que la cour leur fesoit passer du dehors. Leur occupation était de s'opposer au gouvernement, d'entraver ses mesures, de l'affaiblir ainsi dans l'intérieur, et à l'extérieur de l'avilir. Lorque quelques personnes du parti contraire s'étonnoient de ce grand changement, et leur demandoient, comment, tout d'un coup, de défenseurs obstinés de la prérogative royale, ils étoient devenus les patrons zélés, et les avocats minutieux de la liberté la plus abstraite, ils répondoient, qu'élevés à la cour et lui ayant des obligations, ils s'etoient trouvés jadis engagés par la reconnoissance ou l'habitude; mais que la cour et la royauté n'existant plus, ils étaient revenus aux principes communs à tous les hommes, et à l'amour de la liberté. Par ce moyen, comme quelques Republicains de bonne foi y furent trompés, et se laissèrent aller à les soutenir, ils donnèrent beaucoup de force à la faction. Ces mêmes hommes, lors de la restauration du roi, jettèrent le masque, et retournèrent à leurs anciens principes de haute prérogative et de puissance absolue. Ils dirent qu'ils étoient pour la liberté, lorsque c'étoit un moyen d'embarrasser ceux qui n'avoient pas le droit de gouverner, mais que le gouvernement étant redevenu légitime, ils étoient, autant que jamais, de fermes soutiens de l'autorité royale, et des ennemis déclarés de la liberté* (1).

---

(1) Voyez la note à la fin de l'ouvrage.

Le même ensemble de circonstance ne se reproduisant pas, de pareilles comparaisons ne peuvent être parfaitement exactes : je déclare même que je suis loin de faire de ce passage une odieuse et injuste application à des hommes qui se sont opposés au gouvernement avec une chaleur excessive, mais avec des intentions honnêtes. Cette chaleur étoit en eux l'effet de l'inexpérience, comme quelques-unes des mesures qu'ils relevoient avec tant d'amertume, étoient l'effet de l'inexpérience inséparable d'un gouvernement tout neuf. Cette conformité de causes dans les erreurs ne devroit-elle pas conduire à un rapprochement mutuel, et à une mutuelle indulgence? Tout ce que j'ai voulu prouver, c'est que l'exagération des principes, étant le moyen le plus infaillible de les rendre inapplicables, sera toujours une des armes les plus dangereuses que puissent employer les partisans des préjugés.

J'entends proférer ici l'accusation de machiavélisme. Vous voulez, dira-t-on, faire tout pour les circonstances, après avoir si long-tems prétendu ne les pas compter. Vous abandonnez vos principes, dès qu'ils ne servent plus à vos vues. Vous calomniez vos adversaires, lorsqu'ils raisonnent d'après les bases mêmes que vous les avez forcés d'admettre. C'est vous qui êtes inconséquens, versatiles, insidieux, vous qui opposez les abstractions les plus rigoureuses aux intérêts que vous voulez froisser, et qui faites des exceptions sans nombre, en faveur de vos propres intérêts.

Je suis loin de mériter ce reproche. Tout en repoussant ceux pour qui le raisonnement abstrait est une évolution, et la métaphysique un stratagême, personne n'est en garde, plus que moi, contre les sectateurs de l'excès contraire, contre ces panégyristes éternels des modifications, qui, cherchant toujours le milieu, restent toujours à moitié chemin, et ne croyant pas que l'ordre social puisse être fondé sur des bases fixes, prennent le balancement pour de l'à-plomb, et la fluctuation pour de l'équilibre.

Cette neutralité de l'esprit, entre l'erreur et la vérité, est d'autant plus dangereuse, qu'elle se transforme en qualité aux yeux de ceux qui l'ont adoptée. Comme en pactisant avec tous les abus, ils ménagent tous les systêmes, et négocient avec tous les préjugés, ils se glorifient du nombre de traités partiels qu'ils concluent, ou plutôt qu'ils proposent, et ne sentent pas que ces traités incomplets et contradictoires sont des germes nouveaux de désordres. Il me semble voir un homme, dont les mouvemens sont entravés par une foule de frêles liens, et qui dit avec orgueil : *un autre les briseroit ; moi je les respecte.* Oui ; mais un autre avanceroit, vous n'avancez pas, et derrière vous, roule la force des choses ; elle approche, elle est imminente, elle vous presse, elle va vous heurter ; vous et vos considérations serez écrasés.

Sans doute, il est un milieu, entre les modifications qui entravent, et les exagérations qui égarent. Ce milieu, ce sont les principes, mais les principes dans toute leur force, dans tout leur ensemble, dans leur ordre naturel, dans leur enchaînement nécessaire, adoptés tous, réunis et classés, se prêtant ainsi un appui mutuel, et pourvoyant à-la-fois à leur conservation générale, et à leurs applications de détail.

CHAPITRE VIII.

Des principes.

On a tant et si cruellement abusé du mot *principes*, que celui qui réclame pour eux respect et obéissance, est traité d'ordinaire de rêveur abstrait, de raisonneur chimérique. Toutes les factions ont les principes en haine : les unes les considèrent comme ayant amené les maux passés, les autres comme multipliant les difficultés présentes. Ceux qui ne peuvent reconstruire ce qui n'est plus, s'en prennent aux principes, du renversement : ceux qui ne savent pas faire aller ce qui est, les accusent de leur impuissance : et la masse même, qui, en sa qualité d'être composé, n'ayant aucun intérêt aux exceptions individuelles, en a un très-pressant à ce que les principes généraux soient observés, les voyant en butte aux déclamations de tous les partis tour-à-tour, se prévient et se passionne contre une chose dont ils lui disent tous du mal, tandis que cette chose

chose est la seule qui la garantisse contre eux tous.

La réhabilitation des principes seroit une entreprise à-la-fois utile et satisfaisante : on sortiroit, en s'y livrant, de cette sphère de circonstances dans laquelle on se trouve perpétuellement froissé de tant de manières. On seroit exempt de tout retour personnel vers les individus : au lieu d'avoir à relever des imprudences ou des foiblesses, on n'auroit à traiter qu'avec la pensée seule. On réuniroit, à l'avantage de mieux approfondir les opinions, celui, non moins précieux, d'oublier les hommes.

Mais ce travail exigeroit des développemens que ne permettent pas les bornes d'un ouvrage, dont je hâte la publication, par un espoir, peut-être mal-fondé, d'utilité. Dans la suite, si nul écrivain plus habile ne me devance dans cette carrière, j'essaierai peut-être d'exposer ce que je regarde comme les principes élémentaires de la liberté. Aujourd'hui, je ne puis qu'indiquer les idées fondamentales d'un systême qui se compose d'une longue chaîne de raisonnemens, et je suis obligé de m'en remettre au lecteur pour suppléer aux intermédiaires, s'il s'y intéresse assez pour cela.

Un principe est le résultat général d'un certain nombre de faits particuliers. Toutes les fois que l'ensemble de ces faits subit quelques changemens, le principe qui en résultoit se modifie: mais alors cette modification elle-même devient principe.

Tout dans l'univers a donc ses principes, c'est-à-dire, toutes les combinaisons, soit d'existences, soit d'événemens, mènent à un résultat : et ce résultat est toujours pareil, toutes les fois que les combinaisons sont les mêmes. C'est ce résultat qu'on nomme principe.

Ce résultat n'est général que par rapport aux combinaisons desquelles il résulte. Il n'est donc général que d'une manière relative et non d'une manière absolue. Cette distinction est d'une grande importance, et c'est faute de l'avoir faite, que l'on a conçu tant d'idées erronées sur ce qui constituoit un principe.

Il y a des principes universels, parce qu'il y a des données premières, qui existent également dans toutes les combinaisons. Mais ce n'est pas à dire qu'à ces principes fondamentaux, il ne faille pas ajouter d'autres principes, résultant de chaque combinaison particulière.

Lorsqu'on dit que les principes généraux sont inapplicables aux circonstances, l'on dit simplement que l'on n'a pas découvert le principe intermédiaire qu'exige la combinaison particulière dont on s'occupe. C'est avoir perdu l'un des anneaux de la chaîne; mais cela ne fait pas que la chaîne en existe moins.

Les principes secondaires sont tout aussi immuables que les principes premiers. Chaque interruption de la grande chaîne n'a pour la remplir qu'un seul anneau.

Ce qui fait qu'actuellement nous désespérons souvent des principes, c'est que nous ne les connoissons pas tous.

Lorsque l'on dit qu'il y a telle circonstance qui force à dévier des principes, l'on ne s'entend pas. Chaque circonstance appelle seulement le principe qui lui est propre, car l'essence d'un principe n'est pas d'être général, ni applicable à beaucoup de cas, mais d'être fixe; et cette qualité compose si bien son essence, que c'est en elle que réside toute son utilité.

Les principes ne sont donc point de vaines théories, uniquement destinées à être débattues dans les réduits obscurs des écoles. Ce sont des vérités qui se tiennent, et qui pénétreroient graduellement jusques dans les applications les plus circonstancielles, et jusques dans les plus petits détails de la vie sociale, si l'on savoit suivre leur enchaînement.

Lorsqu'on jette tout-à-coup, au milieu d'une association d'hommes, un principe premier, séparé de tous les principes intermédiaires qui le font descendre jusqu'à nous, et l'approprient à notre situation, l'on produit sans doute un grand désordre; car le principe arraché à tous ses entours, dénué de tous ses appuis, environné de choses qui lui sont contraires, détruit et bouleverse : mais ce n'est pas la faute du principe premier qui est adopté, c'est celle des principes intermédiaires qui sont inconnus : ce n'est pas son admission, c'est leur ignorance qui plonge tout dans le chaos.

Appliquons ces idées aux faits, et aux institutions politiques; et nous verrons pourquoi les principes ont dû jusqu'à présent être décriés par des hommes adroits, et regardés par des hommes simples comme des choses abstraites et inutiles. Nous verrons aussi pourquoi les préjugés, mis en opposition avec les principes, ont dû hériter de la faveur qu'on refusoit aux premiers.

Naturellement les principes n'étant que le résultat des faits particuliers, par conséquent, dans l'association politique, étant le résultat des intérêts de chacun, ou pour l'exprimer en moins de mots, l'intérêt commun de tous, auroient dû être chers à tous et à chacun : mais sous les institutions qui existoient, et qui étoient le résultat de l'intérêt de quelques-uns, contre l'intérêt commun de tous, il ne pouvoit manquer d'arriver ce que nous venons d'indiquer. On ne pouvoit lancer les principes qu'isolément, en laissant au hasard le soin de les conduire, et en s'en remettant à lui du bien ou du mal qu'ils devoient faire; il devoit s'ensuivre, ce qui s'en est en effet suivi, que la première action des principes étant destructive, une idée de destruction s'est attachée à eux.

Les préjugés, au contraire, ont eu ce

grand avantage, qu'étant la base des institutions, ils se sont trouvés adaptés à la vie commune par un usage habituel : ils ont enlacé étroitement toutes les parties de notre existence : ils sont devenus quelque chose d'intime : ils ont pénétré dans toutes nos relations ; et la nature humaine, qui s'arrange toujours de ce qui est, s'est bâtie, des préjugés, une espèce d'abri, une sorte d'édifice social, plus ou moins imparfait, mais offrant du moins un asyle. Chaque homme, remontant de la sorte de ses intérêts individuels aux préjugés généraux, s'est attaché à ceux-ci, comme aux conservateurs des autres.

Les principes, suivant une route précisément opposée, ont dû éprouver un sort tout différent. Les principes généraux sont arrivés les premiers, sans liaison directe avec nos intérêts, et en opposition avec les préjugés qui protégeoient ces intérêts. Ils ont pris ainsi le double caractère d'étrangers et d'ennemis. On a vu en eux des choses gérales et destructives, et dans les préjugés, des choses individuelles et préservatrices.

Lorsque nous aurons des institutions fondées sur les principes, l'idée de destruction s'attachera aux préjugés, car ce seront alors les préjugés qui attaqueront.

La doctrine de l'hérédité, par exemple, est un préjugé abstrait, tout aussi abstrait que peut l'être la doctrine de l'égalité. Mais l'hérédité, par cela seul, qu'existante, il avoit fallu organiser son existence, tenoit à un enchaînement d'institutions, d'habitudes, d'intérêts, qui descendoit jusques dans l'individualité la plus intime de chaque homme. L'égalité, au contraire, par cela seul qu'elle n'étoit pas reconnue, ne tenoit à rien, attaquoit tout, et ne pénétroit jusqu'aux individus, que pour bouleverser leur manière d'être. Rien de plus simple, après l'expérience du bouleversement, que la haine du principe, et l'amour du préjugé.

Mais retournez cet état de choses; imaginez la doctrine de l'égalité, reconnue, organisée, formant le premier anneau de la chaine sociale, mêlée par conséquent à tous les intérêts, à tous les calculs, à tous les arrangemens de vie privée ou publique. Supposez maintenant la doctrine de l'hérédité, jettée isolément, et comme théorie générale, contre ce système, ce sera alors le préjugé qui sera le destructeur ; le préservateur sera le principe.

Qu'on me permette encore un exemple. C'est un principe universel, également vrai dans tous les tems, et dans toutes les circonstances, que nul homme ne peut être lié que par les loix auxquelles il a concouru. Dans une société très resserrée, ce principe peut être appliqué d'une manière immédiate, et n'a pas besoin pour devenir usuel, de principe intermédiaire. Mais dans une combinaison différente, dans une société très-nombreuse, il faut joindre un nouveau principe, un principe intermédiaire à celui que nous venons de citer. Ce principe intermédiaire, c'est que les individus peuvent concourir à la formation des loix, soit par eux-mêmes, soit par leurs représentans. Quiconque voudroit appliquer à une société nombreuse le premier principe, sans employer l'intermédiaire, la bouleverseroit infailliblement : mais ce bouleversement, qui attesteroit l'ignorance ou l'ineptie du législateur, ne prouveroit rien contre le principe. L'état ne seroit pas ébranlé, parce qu'on auroit reconnu que chacun de ses membres doit concourir à la formation des loix, mais parce qu'on auroit ignoré, que dans l'excédent d'un nombre donné, il devoit, pour y concourir, se faire représenter.

La morale est une science beaucoup plus approfondie que la politique, parce que le besoin de la morale étant plus de tous les jours, l'esprit des hommes a dû s'y consacrer davantage, et que sa direction n'étoit pas faussée par les intérêts personnels des dépositaires, ou des usurpateurs du pouvoir. Aussi les principes intermédiaires de la morale étant mieux connus, ses principes abstraits ne sont pas décriés : la chaîne est mieux établie, et aucun principe premier n'arrive avec l'hostilité et le caractère dévasteur que l'isolement donne aux idées comme aux hommes.

Cependant il est hors de doute que les principes abstraits de la morale, s'ils étoient séparés de leurs principes intermédiaires, produiroient autant de désordre dans les relations sociales des hommes, que les principes abstraits de la politique, séparés de leurs principes intermédiaires, doivent en produire, dans leurs relations civiles.

Le principe moral, par exemple, que dire la verité est un devoir, s'il étoit pris d'une manière absolue et isolée, rendroit toute société impossible. Nous en avons la preuve dans les conséquences très-directes, qu'a tirées de ce principe un philosophe allemand, qui va jusqu'à prétendre, qu'envers des assassins qui vous demanderoient, si votre ami qu'ils poursuivent n'est pas réfugié dans votre maison, le mensonge seroit un crime.

Ce n'est que par des principes intermédiaires que ce principe premier a pu être reçu sans inconvéniens.

Mais, me dira-t-on, comment découvrir les principes intermédiaires qui manquent? Comment parvenir même à soupçonner qu'ils existent? Quels signes y a-t-il de l'existence de l'inconnu?

Toutes les fois qu'un principe, démontré vrai, paraît inapplicable, c'est que nous ignorons le principe intermédiaire qui contient le moyen d'application.

Pour découvrir ce dernier principe, il faut définir le premier. En le définissant, en l'envisageant sous tous ses rapports, en parcourant toute sa circonférence, nous trouverons le lien qui l'unit à un autre principe. Dans ce lien est, d'ordinaire, le moyen d'application. S'il n'y est pas, il faut définir le nouveau principe auquel nous aurons été conduits. Il nous menera vers un troisième principe, et il est hors de doute que nous arriverons au moyen d'application en suivant la chaîne.

Je prends pour exemple le principe moral que je viens de citer, que dire la vérité est un devoir.

Ce principe isolé est inapplicable. Il détruiroit la société. Mais si vous le rejetez, la société n'en sera pas moins détruite, car toutes les bases de la morale seront renversées.

Il faut donc chercher le moyen d'application, et pour cet effet, il faut, comme nous venons de le dire, définir le principe.

Dire la vérité est un devoir. Qu'est-ce qu'un devoir? L'idée de devoir est inséparable de celle de droits : un devoir est ce qui, dans un être, correspond aux droits d'un autre. Là ou il n'y a pas de droits, il n'y a pas de devoirs.

Dire la vérité n'est donc un devoir qu'envers ceux qui ont droit à la vérité. Or nul homme n'a droit à la vérité qui nuit à autrui.

Voilà, ce me semble, le principe devenu applicable. En le définissant, nous avons découvert le lien qui l'unissoit à un autre principe, et la réunion de ces deux principes nous a fourni la solution de la difficulté qui nous arrêtoit.

Observez quelle différence il y a entre cette manière de procéder, et celle de rejetter le principe. Dans l'exemple que nous avons choisi, l'homme qui, frappé des inconvéniens du principe, qui porte que dire la vérité est un devoir, au lieu de le définir, et de chercher son moyen d'application, se seroit contenté de déclamer contre les abstractions, de dire qu'elles n'étoient pas faites pour le monde réel, auroit tout jetté dans l'arbitraire. Il auroit donné au systême entier de la morale un ébranlement dont ce systême se seroit ressenti dans toutes ses branches. Au contraire, en définissant le principe, en découvrant son rapport avec un autre, et dans ce rapport le moyen d'application, nous avons trouvé la modification précise du principe de la vérité, qui exclut tout arbitraire et toute incertitude.

C'est une idée peut-être neuve, mais qui me paroît infiniment importante, que tout principe renferme, soit en lui-même, soit dans son rapport avec un autre principe, son moyen d'application.

Un principe, reconnu vrai, ne doit donc jamais être abandonné, quelques soient ses dangers apparens. Il doit être décrit, défini, combiné avec tous les principes circonvoisins, jusqu'à ce qu'on ait trouvé le moyen de remédier à ses inconvéniens, et de l'appliquer, comme il doit l'être.

La doctrine opposée est absurde dans son essence, et désastreuse dans ses effets.

Elle est absurde, parce qu'elle prouve trop, et qu'en prouvant trop, elle se détruit elle-même. Dire que les principes abstraits ne sont que de vaines et inapplicables théories, c'est énoncer soi-même un principe abstrait. Car cette opinion n'est pas un fait particulier, mais un résultat général. C'est donc énoncer un principe abstrait contre les principes abstraits, et par cela seul, frapper de nullité son propre principe.

C'est tomber dans l'extravagance de ces sophistes de Grèce qui doutoient de tout, et finissoient par n'oser pas même affirmer leur doute.

Outre cette absurdité, cette doctrine est désastreuse, parce qu'elle précipite inévitablement dans l'arbitraire le plus complet. Car s'il n'y a pas de principes, il n'y a rien de fixe : il ne reste que des circonstances ; et chacun est juge des circonstances. On marchera de circonstances en circonstances, sans que les reclamations puissent trouver même un point d'appui. Là où tout est vacillant, aucun point d'appui n'est possible. Le juste, l'injuste, le légitime, l'illégitime, n'existeront plus, car toutes ces choses ont pour bases les principes, et tombent avec eux. Il restera, les passions qui pousseront à l'arbitraire, la mauvaise foi qui abusera de l'arbitraire, l'esprit de résistance qui cherchera à s'emparer de l'arbitraire, comme d'une arme, pour devenir oppresseur à son tour ; en un mot, l'arbitraire, ce tyran aussi redoutable pour ceux qu'il sert que pour ceux qu'il frappe, l'arbitraire régnera seul.

Examinons maintenant de près les conséquences de l'arbitraire, et comme nous avons prouvé que les principes bien définis, et suivis exactement, remédioient par leur mutuel soutien à toutes les difficultés, démontrons, s'il est possible, que l'arbitraire, qui ne peut être ni défini dans sa nature, ni suivi dans ses conséquences, n'écarte jamais dans le fait aucun des inconvéniens qu'il brise en apparence, et n'abat une des têtes de l'hydre que pour en laisser repousser plusieurs.

CHAPITRE IX.

De l'arbitraire.

AVANT de combattre les partisans de l'arbitraire, il faut que je prouve que l'arbitraire a des partisans. Car telle est sa nature que ceux mêmes qu'il séduit par les facilités qu'il leur offre, sont effrayés de son nom, lorsqu'il est prononcé ; et cette inconséquence est plus souvent un mal entendu qu'un artifice.

L'arbitraire, qui a des effets très-positifs, est pourtant une chose négative : c'est l'absence des règles, des limites, des définitions, en un mot, l'absence de tout ce qui est précis.

Or, comme les règles, les limites, les définitions sont des choses incommodes et fatigantes, on peut fort bien vouloir secouer leur joug, et tomber ainsi dans l'arbitraire, sans s'en douter.

Si je ne définissois donc pas l'arbitraire, je prouverois vainement qu'il a les effets les plus funestes. Tout le monde en conviendroit

viendroit : mais tout le monde protesteroit contre l'application. Chacun diroit : l'arbitraire est sans doute infiniment dangereux : mais quel rapport y a-t-il entre ses dangers et nous, qui ne voulons pas l'arbitraire ?

Ceux-là sont partisans de l'arbitraire, qui rejettent les principes : car tout ce qui est déterminé, soit dans les faits, soit dans les idées, doit conduire à des principes : et l'arbitraire étant l'absence de tout ce qui est déterminé, tout ce qui n'est pas conforme aux principes est arbitraire.

Ceux-là sont partisans de l'arbitraire, qui disent qu'il y a une distance qu'on ne peut franchir entre la théorie et la pratique : car tout ce qui peut être précisé étant susceptible de théorie, tout ce qui n'est pas susceptible de théorie est arbitraire.

Ceux-là enfin sont partisans de l'arbitraire, qui, prétendant avec Burke que des axiomes, métaphysiquement vrais, peuvent être politiquement faux, préfèrent à ces axiomes des considérations, des préjugés, des souvenirs, des foiblesses, toutes choses vagues, indéfinissables, ondoyantes, rentrant par conséquent dans le domaine de l'arbitraire.

Ils sont donc nombreux, les partisans de cet arbitraire, dont le nom seul est détesté : mais c'est que, précisément par le vague de sa nature, on y entre sans s'en appercevoir, on y reste, en croyant en être bien éloigné, comme le voyageur que le brouillard entoure, croit voir ce brouillard encore devant lui.

L'arbitraire, en fait de science, seroit la perte de toute science; car la science n'étant que le résultat de faits précis et fixes, il n'y auroit plus de science, là où il n'y auroit plus rien de fixe ni de précis. Mais comme les sciences n'ont aucun point de contact avec les intérêts personnels, on n'a jamais songé à y glisser l'arbitraire. Aucun calcul individuel, aucune vue particulière ne réclame contre les principes en géométrie.

L'arbitraire, en fait de morale, seroit la perte de toute morale : car la morale étant un assemblage de règles, sur lesquelles les individus doivent pouvoir compter mutuellement dans leurs relations sociales, il n'y auroit plus de morale, là où il n'existeroit plus de règles. Mais, comme la morale a un point de contact perpétuel avec les intérêts de chacun, tous se sont constamment opposés, sans le savoir, et par instinct, à l'introduction de l'arbitraire dans la morale.

Ce que l'absence des intérêts personnels produit dans les sciences, leur présence, au contraire, le produit dans la morale.

L'arbitraire, en institutions politiques, est de même la perte de toute institution politique. Car les institutions politiques étant l'assemblage des règles sur lesquelles les individus doivent pouvoir compter dans leurs relations comme citoyens, il n'y a plus d'institutions politiques, là où ces règles n'existent pas.

Mais il n'en a pas été de la politique comme des sciences ou de la morale.

La politique ayant beaucoup de points de contact avec les intérêts personnels; mais ces points de contact n'étant ni égaux, ni perpétuels, ni immédiats, elle n'a eu, contre l'arbitraire, ni la sauve-garde de l'absence totale des intérêts, comme dans les sciences, ni la sauve-garde de leur présence égale et constante, comme dans la morale.

C'est donc spécialement dans la politique

que l'arbitraire s'est réfugié ; car je ne parle pas de la religion, qui, n'étant ni une science, ni une relation sociale, ni une institution, sort absolument de la sphère de nos considérations actuelles.

L'arbitraire est incompatible avec l'existence d'un gouvernement, considéré sous le rapport de son institution : il est dangereux pour l'existence d'un gouvernement, sous le rapport de son action : il ne donne aucune garantie à l'existence d'un gouvernement, sous le raport de la sûreté des individus qui le composent.

Je vais prouver ces trois assertions successivement.

Les institutions politiques ne sont que des contrats. La nature des contrats est de poser des bornes fixes : or l'arbitraire, étant précisément l'opposé de ce qui constitue un contrat, sappe par la base toute institution politique.

Je sais bien que ceux-mêmes qui, repoussant les principes, comme incompatibles avec les institutions humaines, ouvrent un champ libre à l'arbitraire, voudroient le mitiger et le limiter ; mais cette espérance est absurde : car pour mitiger ou limiter l'arbitraire, il faudroit lui prescrire des bornes précises, et il cesseroit d'être arbitraire.

Il doit de sa nature être par-tout, ou n'être nulle part : il doit être par-tout, non de fait, mais de droit; et nous verrons tout-à-l'heure ce que vaut cette différence. Il est destructeur de tout ce qu'il atteint; car il anéantit la garantie de tout ce qu'il atteint. Or sans la garantie, rien n'existe, car rien n'existe que de fait, et le fait n'est qu'un accident : il n'y a d'existant en institution que ce qui existe de droit.

Il s'ensuit que toute institution qui veut s'établir sans garantie, c'est-à-dire par l'arbitraire, est une institution suicide, et que, si une seule partie de l'ordre social est livrée à l'arbitraire, la garantie de tout le reste s'anéantit.

L'arbitraire est donc incompatible avec l'existence d'un gouvernement, considéré sous le rapport de son institution. Il est dangereux pour un gouvernement, considéré sous le rapport de son action : car, bien qu'en précipitant sa marche, il lui donne quelquefois l'air de la force, il ôte néanmoins toujours à son action la régularité et la durée.

En recourant à l'arbitraire, les gouvernemens donnent les mêmes droits qu'ils prennent. Ils perdent par conséquent plus qu'ils ne gagnent; ils perdent tout.

En disant à un peuple, vos lois sont insuffisantes pour vous gouverner, ils autorisent ce peuple à répondre : si nos loix sont insuffisantes, nous voulons d'autres loix, et à ces mots, toute l'autorité légitime d'un gouvernement tombe : il ne lui reste plus que la force; il n'est plus gouvernement. Car ce seroit aussi croire trop à la duperie des hommes que leur dire : vous avez consenti à vous imposer telle ou telle gêne, pour vous assurer telle protection. Nous vous ôtons cette protection, mais nous vous laissons cette gêne. Vous supporterez d'un côté toutes les entraves de l'état social, et de l'autre vous serez exposé à tous les hasards de l'état sauvage.

Tel est le langage implicite d'un gouvernement qui a recours à l'arbitraire.

Un peuple et un gouvernement sont toujours en réciprocité de devoirs. Si la relation du gouvernement au peuple est dans la loi, dans la loi aussi sera la relation du peuple au gouvernement ; mais si la relation du gouvernement au peuple est dans l'arbitraire, la relation du peuple au gouvernement sera de même dans l'arbitraire.

Enfin l'arbitraire n'est d'aucun secours à un gouvernement, sous le rapport de la sûreté des individus qui le composent. Car l'arbitraire n'offre aux individus aucun asyle.

Ce que vous faites par la loi contre vos ennemis, vos ennemis ne peuvent le faire contre vous par la loi, car la loi est là, précise et formelle : elle ne peut vous atteindre, vous, innocent. Mais ce que vous faites contre vos ennemis par l'arbitraire, vos ennemis pourront aussi le faire contre vous par l'arbitraire : car l'arbitraire est vague et sans bornes : innocent ou coupable, il vous atteindra.

Lors de la conspiration de Babœuf, des hommes s'irritoient de l'observance et de la lenteur des formes. Si les conspirateurs avoient triomphé, s'écrioient-ils, auroient-ils observé contre nous toutes ces formes ? Et c'est précisément parce qu'ils ne les auroient pas observées, que vous devez les observer. C'est là ce qui vous distingue : c'est là, uniquement là, ce qui vous donne le droit de les punir : c'est là ce qui fait d'eux des anarchistes, de vous des amis de l'ordre.

Lorsque les tyrans de la France, ayant voulu rétablir leur affreux empire le 1.er prairial de l'an 3, eurent été terrassés et vaincus, on créa, pour juger les criminels, des Commissions militaires, et les réclamations de quelques hommes scrupuleux et prévoyans ne furent pas écoutées. Ces Commissions militaires enfantèrent les Conseils militaires du 13 Vendémiaire an 4 : ces Conseils militaires produisirent les Commissions militaires de fructidor de la même année : et ces derniers ont produit les Tribunaux militaires du mois de ventôse, an 5.

Je ne discute point ici la légalité ni la compétence de ces différens Tribunaux. Je veux seulement prouver qu'ils s'autorisent et se perpétuent par l'exemple : et je voudrois qu'on sentît enfin qu'il n'y a, dans l'incalculable succession des circonstances, aucun individu assez privilégié, aucun parti revêtu d'une puissance assez durable pour se croire à l'abri de sa propre doctrine, et ne pas redouter que l'application de sa théorie ne retombe tôt ou tard sur lui.

Si l'on pouvoit analyser froidement les tems épouvantables auxquels le 9 thermidor a mis si tard un terme, l'on verroit que la terreur n'étoit que l'arbitraire poussé à l'extrême. Or, par la nature de l'arbitraire, l'on ne peut jamais être certain qu'il ne sera point poussé à l'extrême. Il est même indubitable qu'il s'y portera, toutes les fois qu'il sera attaqué. Car une chose sans bornes, défendue par des moyens sans bornes, n'est pas susceptible de limitation. L'arbitraire, combattant pour l'arbitraire, doit franchir toute barrière, écraser tout obstacle, produire, en un mot, ce qu'étoit la terreur.

L'époque désastreuse, connue sous ce nom, nous offre une preuve bien remarquable des assertions que l'on vient de lire.

Nous voyons combien l'arbitraire rend un gouvernement nul, sous le rappoat de son institution : car il n'y avoit, malgré les efforts, et le charlatanisme sophistique de ses féroces auteurs, aucune apparence d'institution dans ce monstrueux gouvernement révolutionnaire, qui se prêtoit à tous les excès et à tous les crimes, qui n'offroit aucune forme protectrice, aucune loi fixe, rien qui fût précis, déterminé, rien par conséquent qui pût garantir.

Nous voyons encore comment l'arbitraire se tourne contre un gouvernement, sous le rapport de son action. Le gouvernement révolutionnaire périt par l'arbitraire, parce qu'il avoit régné par l'arbitraire. N'étant fondé sur aucune loi, il n'eut la sauve-garde d'aucune. La puissance irrégulière et illimitée d'une assemblée unique et tumultueuse, étant son seul principe d'action, lorsque ce principe réagit, rien ne put lui être opposé; et comme le gouvernement révolutionnaire n'avoit été qu'une suite de fureurs illégales et atroces, sa destruction fut l'ouvrage d'une juste et sainte fureur.

Nous voyons enfin comment l'arbitraire, dans un gouvernement, donne à la sûreté individuelle de ceux qui gouvernent une garantie insuffisante. Les monstres, qui avoient massacré sans jugement ou par des jugemens arbitraires, tombèrent sans jugement, ou par un jugement arbitraire : ils avoient mis hors la loi, et ils furent mis hors la loi.

L'arbitraire n'est pas seulement funeste, lorsqu'on s'en sert pour le crime. Employé contre le crime, il est encore dangereux. Cet instrument de désordre est un mauvais moyen de réparation.

La raison en est simple. Dans le tems même que quelque chose s'opère par l'arbitraire, on sent que l'arbitraire peut détruire son ouvrage, et que tout avantage qu'on doit à cette cause est un avantage illusoire, car il attaque ce qui est la base de tout avantage, la durée. L'idée d'illégalité, d'instabilité, accompagne nécessairement tout ce qui se fait ainsi. L'on a la conscience d'une sorte de protestation tacite, contre le bien, comme contre le mal, parce que l'un et l'autre paroissent frappés de nullité dans leur base.

Ce qui attache les hommes au bien qu'ils font, c'est l'espérance de le voir durer. Or jamais ceux qui font le bien par l'arbitraire ne peuvent concevoir cette espérance. Car l'arbitraire d'aujourd'hui prépare la voie pour celui de demain, et ce dernier peut être en sens opposé de l'autre.

Il en résulte un nouvel inconvenient, c'est qu'on cherche à remédier à l'incertitude par la violence. On s'efforce d'aller si loin qu'il ne soit plus possible de rétrograder. On veut se convaincre soi-même de l'effet que l'on produit; l'on outre son action, pour la rendre stable. On ne croit jamais en avoir assez fait pour ôter à son ouvrage la tache ineffaçable de son origine. On cherche dans l'exagération présente une garantie de durée à venir : et faute de pouvoir placer les fondemens de son édifice à une juste profondeur, on bouleverse le terrein, et l'on creuse des abymes.

Ainsi naissent et se succèdent, dans les révolutions, les crimes, dans les réactions, les excès, et ils ne s'arrêtent que lorsque l'arbitraire finit.

Mais cette époque est difficile à atteindre. Rien n'est plus commun que de changer d'arbitraire : rien n'est plus rare que de passer de l'arbitraire à la loi.

Les hommes de bien s'en flattent, et cette erreur n'est pas sans danger. Ils pensent qu'il est toujours tems de rendre légaux les effets de l'arbitraire. Ils se proposent de ne faire usage de cette ressource que pour applanir tous les obstacles, et après avoir détruit par son secours, c'est à l'aide de la loi qu'ils veulent réédifier.

Mais pendant qu'ils employent ainsi l'arbitraire, ils en prennent l'habitude, ils la donnent à leurs agens; ceux qui en profitent la contractent, et comme rien n'est plus commode, plus applanissant, cette habitude se perpétue, bien au de-là de l'époque où l'on s'étoit prescrit de la déposer, et la loi se trouve indéfiniment ajournée.

J'ai déjà exposé ce système dans un ouvrage, où l'on a démêlé, dit-on, beaucoup de machiavélisme. J'aurois cru, néanmoins, que rien n'étoit plus contraire au machiavélisme que le besoin de principes positifs, de loix claires et précises, en un mot, d'institutions tellement fixes, qu'elles ne laissent à la tyrannie aucune entrée, à l'envahissement aucun prétexte.

Le caractère du machiavélisme, c'est de préférer à tout l'arbitraire. L'arbitraire sert mieux tous les abus de pouvoir qu'aucune institution fixe, quelque défectueuse qu'elle puisse être. Aussi les amis de la liberté doivent préférer les loix défectueuses aux loix qui prêtent à l'arbitraire, parce qu'il est possible de conserver de la liberté sous des loix défectueuses, et que l'arbitraire rend toute liberté impossible.

L'arbitraire est donc le grand ennemi de toute liberté, le vice corrupteur de toute institution, le germe de mort qu'on ne peut ni modifier, ni mitiger, mais qu'il faut détruire.

Si l'on ne pouvoit imaginer une institution sans arbitraire, ou qu'après l'avoir imaginée, on ne pût la faire marcher sans arbitraire, il faudroit renoncer à toute institution, repousser toute pensée, s'abandonner au hasard, et selon ses forces, aspirer à la tyrannie, ou s'y résigner.

Mais, en se pénétrant bien d'une salutaire horreur pour l'arbitraire, il faut se garder aussi de prendre pour de l'arbitraire ce qui n'en est pas. Je vois des hommes bien intentionnés commettre cette méprise, et en conclure la nécessité de l'arbitraire.

Ils confondent avec l'arbitraire toute latitude accordée à l'action du gouvernement, lors-même que cette latitude est déterminée, et ils tombent alternativement dans deux excès opposés.

Tantôt ils ôtent toute latitude : la machine s'arrête, faute d'espace entre les rouages : alors ils se rejettent dans l'autre extrême ; ils accordent une latitude indéfinie, et la machine se disjoint, faute de liens qui retiennent les parties ensemble.

Trois constitutions ont été données à la France, et l'on ne me paroît pas encore s'être fait une idée bien nette de ce qu'est une constitution, et du genre de respect que l'on doit à une constitution.

Il en résulte, qu'on ignore les ressources immenses qu'offrent les institutions libres, en faveur de la liberté, et que méconnoissant les moyens nombreux que la loi fournit, on cherche à les remplaçer, par le plus illusoire et le plus dangereux de tous les moyens, l'arbitraire.

Une constitution est la garantie de la liberté d'un peuple, par conséquent tout ce qui tient à la liberté est constitutionnel, et par conséquent aussi rien n'est constitutionnel de ce qui n'y tient pas.

Etendre une constitution à tout, c'est

faire de tout des dangers pour elle, c'est créer des écueils pour l'en entourer.

Il y a de grandes bases, auxquelles toutes les autorités nationales ne peuvent toucher. Mais la réunion de ces autorités peut faire tout ce qui n'est pas contraire à ces bases.

Parmi nous, par exemple, ces bases sont une représentation nationale en deux sections, point d'unité, point d'hérédité, l'indépendance des tribunaux, l'inviolable maintien des propriétés que la constitution a garanties, l'assurance de n'être pas détenu arbitrairement, de n'être point distrait de ses juges naturels, de n'être point frappé par des loix rétroactives, et quelques autres principes en très-petit nombre.

Cela seul est constitutionnel : les moyens d'exécution sont législatifs.

Dans toutes les mesures de détail, dans toutes les loix d'administration, une chose seulement est constitutionnelle, c'est que ces mesures soient prises, et ces loix faites, d'après les formes que la constitution prescrit.

Quand on dit, la constitution, l'on a raison, toute la constitution, l'on a raison

encore ;

encore : mais lorsqu'on ajoute rien que la constitution, l'on ajoute une ineptie. La constitution, toute la constitution, et tout ce quiest nécessaire pour faire marcher la constitution, cela seul est sensé.

Avec ces principes, le gouvernement, j'entends par ce mot, les dépositaires réunis des autorités exécutive et législative, le gouvernement n'a aucun besoin d'arbitraire. Sans ces principes, il sera forcé d'y recourir sans cesse.

Si vous lui imposez d'autres devoirs que de rester fidèle aux bases constitutionnelles, et de faire, en conformité avec ces bases, et d'après les formes prescrites, des loix égales pour tous, et des loix fixes, vous lui imposez des devoirs qu'il ne peut remplir.

Gardez-vous d'instituer une constitution tellement étroite, qu'elle entrave tous les mouvemens que nécessitent les circonstances. Il faut qu'elle les circonscrive, et non qu'elle les gêne; qu'elle leur trace des bornes, et non qu'elle les comprime.

Par-là vous écarterez l'arbitraire que les ambitieux ne demandent pas mieux que d'invoquer au premier prétexte, comme un remède indispensable. Vous préviendrez les révolutions, qui ne sont que l'arbitraire employé à détruire ; vous mettrez un terme aux réactions, qui ne sont que l'arbitraire employé à rétablir.

Ce qui, sans l'arbitraire, seroit une réforme, par lui devient une révolution, c'est-à-dire, un bouleversement. Ce qui, sans l'arbitraire, seroit une réparation, par lui devient une réaction, c'est-à-dire, une vengeance et une fureur.

CHAPITRE X.

Récapitulation.

J'AVOIS dans cet ouvrage un triple but à atteindre. Je voulois mettre en garde contre les réactions : je voulois prémunir contre l'arbitraire : je voulois enfin r'attacher aux principes. Si je suis parvenu seulement à produire l'un de ces effets, tel est le salutaire enchaînement de toutes les vérités que mon triple but est rempli.

Si les réactions sont une chose terrible et funeste, évitez l'arbitraire, car il traîne nécessairement les réactions à sa suite; si l'arbitraire est un fléau destructeur, évitez les réactions, car elles assurent l'empire de l'arbitraire; enfin si vous voulez vous garantir à-la-fois et des réactions, et de l'arbitraire, ralliez-vous aux principes, qui seuls peuvent vous en préserver.

Le systême des principes offre seul un repos durable. Seul il présente aux agitations politiques un inexpugnable rempart.

Par-tout où éclate la démonstration, les

passions n'ont plus de prise. Elles abandonnent la certitude, pour reporter leur violence sur quelqu'objet encore contesté.

L'esclavage, la féodalité ne sont plus parmi nous des germes de guerre. La superstition, sous son rapport religieux, est presque par-tout réduite à la défensive.

Si l'hérédité nous divise, c'est que les principes qui l'excluent ne sont pas revêtus encore de l'évidence qui leur est propre. Dans un siècle, on parlera de l'hérédité, comme nous parlons de l'esclavage. Une question de plus aura été enlevée aux passions tumultueuses. En raison de ce que les principes s'établissent, les fureurs s'appaisent; lorsqu'ils ont triomphé, la paix règne.

Ainsi nous voyons les passions se battre en retraite, furieuses, sanguinaires, féroces, victorieuses souvent contre les individus, mais toujours vaincues par les vérités. Elles reculent, en frémissant, devant chaque nouvelle barrière que leur pose ce système progressif et régulier, dont le complettement graduel est la volonté suprême de la nature, l'effet inévitable de la force des choses, et l'espoir consolant de tous les amis de la liberté.

Ce système, accéléré dans ses développemens par les révolutions, diffère des révolutions mêmes, comme la paix diffère de la guerre, comme le triomphe diffère du combat.

Des calculs politiques, rapprochés des sciences exactes par leur précision, des bases inébranlables pour les institutions générales, une garantie positive pour les droits individuels, la sûreté pour ce qu'on possède, une route certaine vers ce qu'on veut acquérir, une indépendance complette des hommes, une obéissance implicite aux loix, l'émulation de tous les talens, de toutes les qualités personnelles, l'abolition de ces pouvoirs abusifs, de ces distinctions chimériques, qui, n'ayant leur source ni dans la volonté ni dans l'intérêt communs, réfléchissent sur leurs possesseurs l'odieux de l'usurpation, l'harmonie dans l'ensemble, la fixité dans les détails, une théorie lumineuse, une pratique préservatrice, tels sont les caractères du système des principes.

Il est la réunion du bonheur public et particulier. Il ouvre la carrière du génie, comme il défend la propriété du pauvre. Il appartient aux siècles, et les convulsions du moment ne peuvent rien contre lui. En lui résistant, on peut sans doute causer encore des secousses désastreuses. Mais depuis que l'esprit de l'homme marche en avant, et que l'imprimerie enregistre ses progrès, il n'est plus d'invasion de barbares, plus de coalition d'oppresseurs, plus d'évocation de préjugés, qui puisse le faire rétrogader. Il faut que les lumières s'étendent, que l'espèce humaine s'égalise et s'élève, et que chacune de ces générations successives que la mort engloutit, laisse du moins après elle une trace brillante qui marque la route de la vérité.

NOTES.

Page 32.

L'on ne croira pas, j'espère, que je méconnoisse les talens et les vertus de M. Necker, parce que ses opinions politiques me paroissent erronnées. La même franchise qui me porte à énoncer mon dissentiment sur toutes les parties de son systême, me fait un devoir de professer mon admiration pour son génie, et mon respect pour son caractère. J'ai été, je l'avoue, profondément affligé de son dernier ouvrage, dont les beautés m'ont frappé, comme elles ont dû frapper tous ses lecteurs. Je crois que, plus rapproché de la scène, il eût jugé bien différemment. Les journaux qui ont porté dans sa solitude, pendant dix-huit mois, la description trop vraie de crimes inouis, et depuis un an, les exagérations d'une opinion très-fautive, l'ont trompé sur beaucoup de points : mais en le combattant, qui pourroit se refuser à la douceur de lui rendre justice? Qui pourroit ne pas admirer l'éclat de son talent, la finesse de ses vues, et l'expression éloquente d'une ame toujours pure, et, malgré ses préventions, amie encore de la liberté?

Page 46.

Lorsqu'on accuse, il faut prouver. Je demande pardon au lecteur de la preuve que je vais fournir. Elle est d'un genre si bas, que j'ai eu beaucoup de peine à me déterminer à la transcrire : mais elle m'a semblé trop remarquable pour être supprimée. C'est un journaliste, de l'espèce de ceux dont je parle, car je ne puis trop établir la distinction, c'est, dis-je, un journaliste lui-même, qui va nous donner une idée de la dégradation à laquelle ces écrivains se résignent, et de la manière dont ils s'égaient sur leur infamie.

Extrait du Grondeur, du 3 ventôse, an 6.

« Les journalistes ne devroient-ils pas bien prier
» Daunou, puisqu'il a des complaisances pour eux, de
» faire déterminer au moins les cas où ils doivent re-
» cevoir des soufflets, des coups de bâton, des étri-
» vières, des gourmades, des croquignoles, et toutes
» les autres petites corrections anodines qui sont du
» ressort de la police casuelle ? Au moins on sauroit à
» quoi s'en tenir, et l'on prépareroit un jour ses
» épaules...... En un mot, on ne seroit point exposé à
» l'arbitraire. Mais sur-tout qu'on fixe le nombre et les
» quantités : car, voyez vous, les nombres ne sont pas à
» négliger dans ces sortes d'occasions. Je tiens aux nom-
» bres, et je veux absolument qu'on détermine les nom-
» bres : car si je me trouve dans le cas de vingt cro-
» quignoles, etc. etc. etc. »

PAGE 50.

Tous ceux qui prêtèrent le serment du jeu de paulme, sans exception, trahirent l'état, étoient coupables de lèze-majesté, et devoient être jugés comme tels.... Les noms de ceux qui se rendirent ainsi parjures doivent être gravés, avec le burin d'une vérité vengeresse, dans les annales de la monarchie qu'ils ont détruite. Il n'est point pour eux de repentir qui puisse les justifier au tribunal inexorable de l'histoire. L'inscription de leurs noms sera et est dès aujourd'hui leur arrêt. Ce ne sera pas à des Brissot, des Marat, des Manuel, que la postérité demandera compte de tant d'horreurs et de calamités : ce sera à ceux dont les noms ont seuls figuré dans les premiers momens de la révolution. Le rétablissement de la monarchie. Page 56 et 57.... *Les constitutionnels virent dresser pour eux les guillotines qu'ils avoient imaginées, fabriquées, élevées pour les royalistes : leur sang impur coula sans honneur : il n'excita ni regret, ni pitié, et le baptême de l'échaffaud ne put pas même laver leurs crimes.* Ibid. 76 et 77.

Ce n'est pas tout d'arracher les fruits de cet arbre planté par les constitutionnels, et par eux arrosé de sang. Il faut l'abattre : il faut couper jusqu'à la dernière racine; et bien loin de se servir de la moindre de ses branches, pour l'enter sur un tronc antique et vénéré, il faut fouiller tout au-tour avec l'attention la plus scrupuleuse, et ne pas lui laisser la possibilité d'un rejetton.... S'il reste le moindre germe de cette race exécrée, le plus léger souffle de la discorde, ou même du mécontentement, ira le porter sur la plage infortunée, où mille circonstances imprévues le développeront pour le malheur du genre humain. Après avoir reçu de toutes les puissances Européennes le bienfait inappréciable de la destruction d'une secte impie, nous manquerions à la dette sacrée de la reconnoissance, en gardant volontairement au milieu de nous un venin caché qui pourroit les infecter un jour. Ibid. 89 et 90.

Quelle ressource, juste Dieu ! resteroit-il donc à la France, si les atrocités des jacobins devoient faire oublier ou pardonner les crimes des constitutionnels ? Ibid. 160.

Si la clémence est un plaisir, la justice est un devoir.... Il est des atrocités dont le caractère, le nombre et les détails sont au-dessus du pardon... C'est la société entière, c'est l'humanité même qui demande alors vengeance. Telles sont celles qui ont ensanglanté la France sous le règne des constitutionnels. Qu'il est effrayant, le nombre des scélérats qui les ont servis !... Je suppose qu'il n'y en ait qu'un par municipalité, et déjà j'en compte plus de quarante-quatre mille.... A ce ramas d'administrateurs, ajoutez ces clubs, ces sociétés... Ajoutez les débris de la première assemblée, les successeurs quelle se choisit. P. 164 et suiv.... *Si la nation assemblée exprimoit le vœu de restreindre l'autoité royale..... elle voudroit sa perte..... elle seroit encore en état de délire, et par cela même hors d'état de vouloir.* P. 189.

Je crois inutile de joindre à ces citations d'un ouvrage *officiel* des développemens qui ne pourroient qu'affoiblir l'impression que ces citations seules doivent produire. Vous qui désirez la contre-révolution, contemplez-la toute entière.

PAGE 51.

Je ne considère ici M. de Lafayette que sous le rapport du malheur; et sous ce rapport, je saisis avec empressement l'occasion d'inspirer l'horreur pour les traitemens affreux dont il est victime. Les souverains ont si peu d'intérêt à de pareilles atrocités, que l'on ne peut s'empêcher de croire quelquefois, que celles-ci sont ignorées de celui qui, pour sa gloire, devroit les faire cesser; et dans cet espoir, il faut multiplier toutes les chances de publicité. Je ne suis pas assez vain, pour supposer que cet ouvrage ajoute beaucoup à ces chances : mais quand un seul homme de plus en seroit instruit, j'aurois du moins rempli mon devoir.

« Les eaux presque stagnantes de la Morave engen» drent d'épaisses vapeurs et attirent d'innombrables » essaims d'insectes. Pour comble de maux, la branche » de cette rivière qui coule sous les fenêtres des prison» niers, étant par sa profondeur, favorable au trans» port des immondices de la ville, est devenu son » principal égoût. C'est à cette circonstance qu'on attri» bue le mauvais air qu'on respire à Olmutz. L'hôpital » militaire et celui de la ville sont les bâtimens les » plus rapprochés de la prison.

« Les murailles extérieures ont six pieds d'épaisseur. » Une forte cloison sépare les deux chambres que La» fayette occupe avec sa famille.

» Ses deux filles, à qui il n'est permis que de passer » six heures par jour avec leurs parens, habitent une de » ces chambres, où elles n'ont qu'un mauvais matelas.

« Latour-Maubourg et Puzy sont renfermés dans deux » autres cachots séparés. Ils reçoivent le jour par une » ouverture de quatre pieds quarrés, où l'air peut à » peine parvenir.

« Chaque cachot est ouvert quatre fois par jour. Le » prisonnier prend ses repas en présence de l'officier

» et du prévôt. Après le dernier repas des prisonniers, » à neuf heures, les lampes sont éteintes : ils ont été » privés de briquet et d'amadou, ce qui leur avoit été » accordé à leur arrivée, en cas d'indisposition. Leur » nourriture est dégoûtante. On leur donne seulement » une cuillier d'étain. Au commencement de leur dé- » tention, leur boisson étoit portée dans des bouteilles. » A présent, ils ne peuvent se servir que de vases de » terre ou de bois, qui, après leur repas, sont placés » sur la fenêtre du corridor, où ils sont exposés à la » poussière, aux insectes, et servent aux soldats.

« Les trois prisonniers sont couverts de haillons, » leurs habits n'ayant pas été renouvellés depuis quatre » ans.

« Lorsque madame de Lafayette et ses filles arrivèrent, » la décence exigea que Lafayette fût habillé. On lui » donna une veste et un pantalon de serge grossière, » en lui disant que le drap étoit trop cher pour lui. » Il n'avoit point de soulier : Une de ses filles lui en » fit une paire, avec le drap d'un vieux habit.

« L'habillement de Latour-Maubourg consiste en une » veste et un pantalon de nanquin, entièrement dé- » chirés, et qu'il porte depuis 1792. » Extrait des papiers allemands, rapporté dans les journaux du 3 ventôse.

Je ne veux point ici me faire, auprès d'un parti, s'il existe, un mérite que je n'ai pas. M. de Lafayette m'est inconnu : je ne suis lié avec aucun de ses amis : sa rentrée en France me paroîtroit dangereuse : mais qu'y a-t-il de commun entre sa rentrée et les tourmens que l'Autriche lui fait éprouver? Ces tourmens sont horribles : ils ne sont appuyés sur aucune loi, justifiés par aucun droit, motivés par aucun intérêt. Ils sont atroces sous tous les rapports.

PAGE 54.

J'invite les acquéreurs de biens nationaux, à lire une brochure récemment publiée, et qui a pour titre, *frappez, mais écoutez*.

Voici le jugement qu'en ont porté les journaux. « Cet » ouvrage est fort en raisonnemens et en principes, » mais déplacé, impolitique et dangereux; déplacé et » impolitique, parce qu'il est plus propre à détruire la » confiance qu'à la rétablir; et dangereux, parce qu'il » renferme des VÉRITÉS qu'il faudra long-tems encore tenir cachées. » Extrait du grondeur, du 17 ventôse an 5.

Cet ouvrage, qui renferme des *vérités* que l'on ne doit cacher que *pour un tems encore*, propose de dépouiller de leurs propriétés tous les acquéreurs de biens nationaux, de quelque nature que soient ces biens. V. Ch. 10. Il indique un prétendu mode de remboursement absolument illusoire, et ne s'occupe en rien des intérêts des tiers-acquéreurs. Mais l'auteur ne se borne pas à ces projets financiers, subversifs de toute justice : il appelle sur les acquéreurs toute la fureur nationale. Il les rend responsables de la guerre, de la disette, de toutes les calamités de la révolution. Il les traite de brigands, d'égorgeurs, d'enfans dénaturés, de citoyens parricides. V. pages 38, 68, 73, 80, 84, 96, 166. Enfin, cet ouvrage est pour les acquéreurs de biens nationaux, ce qu'est, pour tous les amis de la liberté, *le rétablissement de la monarchie*, dont j'ai cité quelques morceaux dans une note précédente. L'on n'accusera pas du moins nos ennemis communs de déguiser leurs projets, et si nous souffrions qu'ils les exécutassent, ce ne seroit pas faute d'avertissement.

PAGE 60.

In those debates, some of the cavalier-party,... came to bear some share. They were then all zealous common wealth'smen, according to the directions sent them from those about the king. Their business was to oppose government on all his demands, and so to weaken him at home, and expose him abroad. When some of the other party took notice of this great change, from being the abettors of prerogative, to become the patrons of liberty, they pretended their education in the court, and their obligation to it, had engaged them that way: but now, since that was out of doors, they had the common principles of human nature, and the love of liberty in them. By this mean, as the old republicans assisted and protected them, so at the same time they strengthened the faction.... But these very men, at the restoration, shook off this disguise, and reverted to their old principles, for a high prerogative, and absolute power. They said, they were for liberty, when it was a mean to distress one who, they thought, had no right to govern: but, when the government returned to its old channel, they were still as firm to all prerogative notions, and as great ennemies to liberty, as ever. Burnet's History of his own time. Edinburgh, 1753. Vol. I. p. 99.

www.ingramcontent.com/pod-product-compliance
Ingram Content Group UK Ltd.
Pitfield, Milton Keynes, MK11 3LW, UK
UKHW031919260826
14628UKWH00003B/1293